Marianne Piepenstock

Spezialitäten aus Ost- und Mitteldeutschland

Originalausgabe

WILHELM HEYNE VERLAG
MÜNCHEN

HEYNE KOCHBUCH
07/4606

5. überarbeitete Auflage
(1. Auflage dieser Ausgabe;
früher lieferbar unter der Nr. 07/4067)

Printed in Germany 1990
Umschlaggestaltung: Atelier Ingrid Schütz, München
Umschlagfoto: Fotostudio Teubner, Füssen
Innenfotos: Gruner & Jahr, Hamburg
Satz: Schaber, Wels
Druck und Bindung: Ebner Ulm

ISBN 3-453-04356-1

INHALT

Abkürzungen:

EL = Eßlöffel
TL = Teelöffel
Msp = Messerspitze

Alle Rezepte sind, wenn nicht anders angegeben, für 4 Personen berechnet.

So hat's daheim geschmeckt

Zu Feiertagen oder am Wochenende, da erinnert man sich plötzlich wieder daran: Man hat ein wenig Zeit, an seine Kindheit zurückzudenken und an die Mahlzeiten, die die Mutter auf den Tisch brachte, mit jenen Gerichten, die einem in Sachsen, in Schlesien oder Ostpreußen gut geschmeckt hatten und vertraut waren. Wie gern würde man den Sonntagskuchen oder den Eintopf von zu Hause wieder einmal kosten! Leider haben sich diese Hausmacher-Rezepte, wie ja fast alle landschaftlich begrenzten Rezepte, meist nur mündlich von Generation zu Generation vererbt, und nun tut man sich schwer, sie aus dem Gedächtnis hervorzusuchen.

Dem Verlust dieser alten und erprobten Rezepte will dieses HEYNE-KOCHBUCH vorbeugen.

Und es möchte nicht nur denen, die mit ihren heimatlichen Gerichten ein jetzt grenzenloses Wiedersehen feiern wollen, helfen, es möchte diese Rezepte auch all denen bekanntmachen, die heute mit Begeisterung die gesamte ausländische Küchenkunst übernehmen — spanisch oder chinesisch zu kochen, ist ja kein Problem mehr! Aber in erster Linie sollten wir uns doch an die Rezepte halten, die unserem Gaumen am bekömmlichsten sind und die seit Jahrhunderten in unserer Heimat zubereitet wurden.

Mit Absicht ist die Gliederung nach Gebieten vorgenommen worden. Dabei konnte es nicht vermieden werden, manche Rezepte in verschiedenen Fassungen zu bringen, so, wie man sie eben in Thüringen oder Berlin, in Oberschlesien oder in der Lausitz liebte. Andere Rezepte mögen Sie vielleicht in einem bestimmten Kapitel vergeblich suchen. Viele Gerichte sind eben Spezialitäten der gesamten ost- oder mitteldeutschen Küche und tauchen dann an anderer Stelle auf. Schlagen Sie bitte im Register nach!

Sachsen

»Es machte Gott, der große Schöpfer/aus einem Goldmacher 'nen Töpfer!« — So soll J. F. Böttger erlöst ausgerufen haben, als er 1709 anstelle von Gold das Geheimnis des Porzellans entdeckte.
Böttgers Entdeckung führte 1710 zur Gründung der ersten europäischen Porzellan-Manufaktur in Meißen durch August den Starken. Das Meißener Porzellan erwarb sich bald Weltruf. Es gelangte auf die Tafeln der Großen, aber bald auch auf die Tische der Bürger und brachte vermutlich mehr Geld nach Sachsen, als es die Kunst des Goldmachers je vermocht hätte. Unter den vielen Dekoren wurde bald eine Form besonders beliebt: das blau-weiße Zwiebelmuster, das bald die Mittags- und Kaffeetische schmückte.
Und da wir gerade bei der Kaffeetafel sind, wollen wir des »Bliemchenkaffees« gedenken, dessen sächsischer Ursprung so oft leicht spottend genannt wird — dann nämlich, wenn der edle Trank so dünn aufgegossen wird, daß man die »Blümchen« des Porzellans durchschimmern sieht. Sind die Sachsen wirklich so sparsam — oder war es nicht einfach so, daß Sachsen kein reiches Land und in vielen Familien Schmalhans Küchenmeister war? Aber auf den braunen Trank mochte man nicht verzichten.
Aber sollte es wirklich einmal stimmen — meistens stimmt's nämlich nicht! —, dann versöhnen die sächsischen Kuchen einen wieder. Sie sind dem feinen Porzel-

lan angemessen, nicht bäuerlich und schwer, sondern süß und fein, mit viel Mandeln und Rosinen. Der sächsische Christstollen hat sich, vor allem durch die Dresdner berühmten Konditoren, in der ganzen Welt Freunde geschaffen. In Sachsen ißt man gern süße Sachen — aber die vielen Fleischrezepte, die Klöße und Gemüsegerichte schmecken ebenfalls Einheimischen wie Fremden. Man mag's nicht übermäßig fett und derb. Mit wenigen Zutaten und viel Liebe versteht es die Hausfrau aus dem Erzgebirge, aus Dresden und Leipzig, besonders gute und bekömmliche Mahlzeiten auf den Tisch zu bringen.

Fleischgerichte

Rindfleisch mit Rosinensauce

500 g Rindfleisch (Suppenfleisch, durchwachsen)
1 Zwiebel
1 Bund Suppengrün
Salz

Zur Sauce:
125 g Sultaninen
1 Stück brauner Pfefferkuchen, ca. 50 g
125 g gehackte Mandeln
1 EL Zucker
1 EL Weinessig
etwas körnige Brühe

In 2 l siedendes Wasser gibt man das Fleisch, schäumt ab, fügt Zwiebel und Suppengrün sowie das Salz hinzu und läßt das Fleisch nicht zu weich kochen. Inzwischen läßt man in wenig Wasser die Sultaninen dünsten und reibt den Pfefferkuchen fein. Dann Fleisch aus der Brühe nehmen, diese durchseihen, den geriebenen Pfefferkuchen und die Sultaninen zufügen, sämig kochen, mit Zucker und Essig sowie etwas körniger Brühe pikant abschmecken. Das Fleisch in Scheiben schneiden, und die Sauce darübergießen. Dazu passen Kartoffelklöße.

Sächsisches Zwiebelfleisch

Zwiebelfleisch gibt es in vielen Gegenden, aber dies ist ein sehr gutes und dabei sparsames Rezept:

300 g Rindfleisch
1 kg Zwiebeln
500 g Schweineknochen mit Fleisch
3—4 altbackene Semmeln
1 Msp Zucker
Salz
Pfeffer
etwas Kümmel
30 g Butter

Die Zwiebeln fein schneiden, in der Butter mit gerade eben so viel Wasser dünsten, daß sie bedeckt sind. Die Schweineknochen gesondert in Wasser kochen, die Semmeln in Scheiben schneiden und ebenso das Rindfleisch. Die Rindfleischscheibchen auf die Zwiebeln legen und mitdämpfen — sobald sie weich sind, die Semmelscheibchen dazulegen, Schweinsbrühe zugießen und nun noch zusammen leicht durchkochen. Jetzt erst durchrühren, würzen, anrichten. Man braucht nicht unbedingt Klöße dazu — aber tüchtige Esser schätzen sie immer.

Rindfleischtopf mit Äpfeln

Das ist wieder so ein prachtvolles Hausmachergericht, dessen Entstehung man gut aus den Gegebenheiten eines Haushalts mit Garten verfolgen kann. Da ist von gestern ein Stück Suppenfleisch übriggeblieben, auf dem Küchentisch liegen Falläpfel — und schon weiß Mutter, was es geben wird:

500 g Rindfleisch (frisch gekocht oder vom Tag vorher)
750 g Äpfel (Fallobst, auch noch unreife saure Äpfel)
1 EL Zucker
Salz
1 Prise Zimt
Nelkenpulver oder ein paar Nelken
1 kleines Glas Wasser oder Weißwein

Das Suppenfleisch in Scheibchen schneiden und damit den Boden eines Kochtopfes oder eine mittelgroße Jenaer Form auslegen. Äpfel schälen, vom Kernhaus befreien, in Scheiben schneiden, auf das Fleisch schichten, jeweils etwas würzen, dann Wasser oder Wein zugießen und zusammen ungefähr 15—20 Minuten schmoren, bis die Äpfel schön weich geworden sind. Im Topf zu Tisch bringen. Dazu schmecken Klöße oder Salzkartoffeln.

Hackbraten auf sächsische Art

Je 375 g Rind- und Schweinefleisch, durchgedreht
2 Brötchen
1—2 Eier
Salz
Pfeffer
gemahlene Nelken
1 Hauch Muskat
einige EL Wasser
Butterschmalz
⅛—¼ l saure Sahne
evtl. 50—60 g Speckscheiben

Brötchen einweichen und ausdrücken. Aus allen Zutaten einen geschmeidigen Teig kneten, dem man die Form eines Rehrückens mit Einkerbungen gibt. In eine Bratform Speckscheiben legen oder Butterschmalz zergehen lassen und darin den Hackbraten im mittelheißen Backofen ca. 35—45 Minuten braten. Immer wieder mit saurer Sahne begießen. Dazu Leipziger Allerlei und Salzkartoffeln.

Rinderzunge mit Rosinensauce

1 Ochsenzunge (reicht für ca. 8 Personen — also noch für zweites Gericht zu verwenden)

Für die Sauce:
1 Bund Suppengrün
1 Zwiebel
einige Gewürzkörner
Salz
Pfeffer
40 g Butter
1 EL Mehl
2 EL Tomatenmark
2 EL Essig
1 EL Zucker
3—4 EL Rosinen

Die gut gewaschene Zunge mit Zwiebel, Gewürzen und Suppengrün aufsetzen und bei milder Hitze langsam gar kochen. Aus dem Topf nehmen, in eine Schüssel mit kaltem Wasser legen und dann die Haut abziehen.
In der heißen Butter unter ständigem Rühren das Mehl bräunen, mit der Kochbrühe glattrühren, Tomatenmark und Gewürze zufügen, 15 Minuten kochen und darin nochmals die Zunge einige Minuten liegen lassen — nicht mehr kochen. Ich gebe auch die Rosinen gleich zur Sauce und koche sie nicht gesondert ab, weiche sie allerdings 1—2 Stunden vorher ein.
Sehr gut schmecken dazu Kartoffelklöße und eine gemischte Salatplatte, je nach Jahreszeit.

Kalbssteak auf Leipziger Art

Das ist nun ein sehr leckeres Rezept, das auch zu Hause leicht zuzubereiten ist, denn die eine oder andere Beigabe kann entfallen.

4 Kalbssteaks
Salz
Pfeffer
Paprika
1 Dose Leipziger Allerlei oder frisches Gemüse
50 g Butter
2 EL Krebsbutter
250 g Krebsschwänze
750 g Kartoffeln
Salate

In der heißen Butter die leicht geklopften und gut gewürzten Steaks langsam braten, auf heißer Platte anrichten, mit der zerlassenen Krebsbutter beträufeln und mit den Krebsschwänzen umlegen. Salzkartoffeln, Gemüse und Salat, z.B. Tomaten, dazu.

Leber im Netz auf sächsische Art

500 g junge Rinder- oder Kalbsleber
125 g magerer Speck
4 EL Korinthen
3 Eier
125 g Paniermehl
Pfeffer
Salz
gemahlene Nelken
1 Kalbsnetz

Für die Sauce:
40 g Butter
1 EL Mehl
1 Zwiebel
1 EL Zitronensaft
⅛ l Rotwein
1 Prise Zucker
1 TL körnige Brühe

Speck und Leber im Mixer pürieren oder ganz fein hakken, mit Paniermehl, Gewürzen und Eigelb vermischen, Eiweiß steif schlagen, zuletzt unter die Masse geben. Das Kalbsnetz gründlich reinigen. 30 g Butter in einer flachen Pfanne zergehen lassen, das Netz hinein- und die Lebermasse darauflegen, das Netz über der Masse zusammenschlagen und die Masse langsam ca. 20 Minuten auf beiden Seiten braten. Inzwischen Sauce zubereiten. Kartoffelpüree dazu reichen.

Leber im grünen Bett

500—600 g junge Rinder- oder Kalbsleber
60 g Butter
4 EL Paniermehl
¼—⅜ l Bouillon
⅛ l Weißwein
Salz
Pfeffer
1 Schalotte oder Zwiebel
je 2 EL feingeschnittener Schnittlauch
Petersilie
Thymian

Die Leber aus Haut und Adern lösen, in Streifen schneiden. Kräuter fein schneiden. In der heißen Butter die Schalotte oder Zwiebel und die Kräuter gerade eben anbräunen, die Leber zufügen und unter mehrmaligem Rühren Farbe nehmen lassen. Dann den Wein zugeben und zugedeckt weich dämpfen. Dann Paniermehl, Bouillon unterrühren, nochmals einige Minuten leicht kochen lassen und mit Kartoffelpüree servieren.

Leberragout mit Korinthensauce

400—500 g junge Rinder- oder Kalbsleber
2 mittelgroße Zwiebeln
50 g Butter
2 EL Mehl
100 g Korinthen
¼ l Bouillon oder Rotwein
Salz
1 TL Zucker
1 EL Zitronensaft
Kartoffelpüree von 750 g Kartoffeln

In 30 g Butter das Mehl und die Zwiebeln leicht bräunen, mit etwas Bouillon und Rotwein glattrühren, die Korinthen zufügen und 15 Minuten kochen, dann mit Zucker, Zitronensaft, Salz abschmecken. Die Leber in Streifen oder Würfel schneiden, mit Mehl bepudern, in der heißen Butter unter Rühren 3—4 Minuten braten und dann in die Korinthensauce geben und noch einige Minuten ziehen, nicht kochen lassen. Mit Kartoffelpüree und Salat zu Tisch bringen.

Zibbel-Klump

750 g Hammelfleisch
350 g Zwiebeln
1 gehäufter TL Kümmel
Salz
1 TL körnige Brühe
Wasser

Fleisch und Zwiebeln würfeln und in so viel Wasser, daß beides eben bedeckt ist, mit den Gewürzen weich kochen. Dazu rohe Kartoffelklöße reichen. Auch die Vogtländer Klöße schmecken dazu gut.

Hammelrücken auf Jägerart

1—1½ kg Hammelrücken

Für die Marinade:
1 Zwiebel
2 Möhren
1 Stückchen Sellerie
1 Petersilienwurzel
1 Schalotte
1 Knoblauchzehe oder etwas Knoblauchpulver
1 Lorbeerblatt
einige Pfefferkörner
2 Nelken
ein paar Thymianblättchen
halb Weinessig und halb Weißwein, so viel, daß das Fleisch eben bedeckt ist
oder:
¼ Weinessig, ¼ Wasser, die Hälfte Wein (nicht zuviel Essig verwenden, damit das Fleisch nicht zu sauer wird)
einige EL Öl
750—1000 g Kartoffeln
eingemachte Preiselbeeren

Die Zutaten zur Marinade zerkleinern und alles gut vermischen, Fleisch in Steintopf legen, mit der Marinade begießen und zugedeckt mindestens 3 Tage liegen lassen. Fleisch möglichst ein- bis zweimal umwenden. Dann Fleisch herausnehmen, abtrocknen, im heißen Öl anbraten und unter Zugießen von Marinade langsam weich schmoren. Salzkartoffeln oder Klöße, Preiselbeeren oder Rotkohl passen dazu.

Hirtentopf mit Hammelfleisch

Goethe war ein großer Liebhaber von Hammelfleisch und mochte damit zubereitete Gerichte besonders gern. Auch Ihnen wird dieses Rezept gefallen:

600 g nicht zu fettes Hammelfleisch
1 TL körnige Brühe oder 1 Bouillonwürfel
1 Zwiebel
je nach Jahreszeit 500 g Bohnen oder die gleiche Menge Sellerie
etwas Knoblauchpulver
1 Bund Petersilie
600—800 g Kartoffeln
50 g Butter

Zur Zubereitung nehmen Sie am besten einen dekorativen Kochtopf, in dem Sie das Gericht auch gleich servieren können. In der heißen Butter die kleingeschnittene Zwiebel andünsten, das in Würfel geschnittene Fleisch zugeben, einige Minuten rühren und Farbe nehmen lassen, dann entweder die in Stücke gebrochenen Bohnen oder den in Scheiben geschnittenen Sellerie, Knoblauchpulver, Salz und Pfeffer zugeben und zugedeckt 20 Minuten dämpfen, dann die in Scheiben geschnittenen Kartoffeln oben auflegen, mit der Bouillon übergießen und fertig schmoren. Zuletzt mit der gehackten Petersilie bestreuen.

Hammelragout mit weißen oder Mairüben

750 g Hammelragout
500 g weiße oder Mairüben
125 g magerer Speck
2 Zwiebeln
1 EL Mehl
1 EL Zucker
1/4—3/8 l Bouillon
Petersilie
1 Päckchen Kartoffelpüree

Speck würfeln, Zwiebeln fein und das Hammelfleisch in kleine Stücke schneiden. Speck und Zwiebeln anbraten, das Fleisch zugeben und schmoren. Die weißen Rüben in Scheibchen schneiden, in der mit Zucker gebräunten heißen Butter unter Rühren 5 Minuten Farbe nehmen lassen, dann mit etwas Bouillon auffüllen, ebenso das Hammelfleisch, und getrennt schmoren: das Fleisch ca. 40 Minuten, die Rübchen 15 Minuten. Dann die Rübchen zum Fleisch geben, gut mischen und mit etwas gehackter Petersilie bestreut anrichten. Dazu Kartoffelpüree und Tomaten- oder grünen Salat.

Leipziger Suppentopf

750—1000 g Suppenfleisch
die gleiche Menge verschiedene junge Gemüse: Möhren, Kohlrabi, Petersilienwurzel, grüne Bohnen, Sellerie, jungen Wirsing oder frische grüne Erbsen
2 Tomaten
1 Bund Suppengrün
Salz
Grießklößchen (siehe nächstes Rezept)

Das gewaschene Fleisch in siedendes Wasser geben, abschäumen, dann leicht salzen und 1 Stunde sieden. Dann das geputzte, in kleine Stücke geschnittene Gemüse (ohne Tomaten und Petersilie) zugeben und bei milder Hitze weiterkochen. Zuletzt kommen Leipziger Grießklößchen, kleingeschnittene Tomaten und feingewiegte Petersilie in die Suppe. Das Fleisch wird am besten in mundgerechte Würfel oder Scheibchen geschnitten.

Leipziger Grießklößchen

(Abb. S. 48)

1 l Milch
etwas Salz
200 g Grieß
3—4 Eier
1 Msp Muskat

Milch, Salz und Muskat aufkochen, den Grieß locker unter Rühren einlaufen lassen, einige Minuten weiterrühren und dann den Topf abnehmen. Die Eier glattschlagen, unter die etwas abgekühlte Grießmasse rühren. Inzwischen Salzwasser in einem anderen Topf kochend erhitzen, mit einem Eßlöffel Klößchen abstechen und im Salzwasser gar ziehen lassen.

Grießklößchen in Butter

Statt zur Suppe kann man die Grießklößchen auch nach dem Garen in einer Pfanne mit brauner Butter tüchtig durchschwenken und mit Salaten oder auch Kompott servieren.

Dresdener Suppentopf

Der Unterschied zum Leipziger Suppentopf besteht darin, daß das Suppengemüse in feine Streifen geschnitten und 150 g Reis in der Suppe gar gekocht wird. Man kann es außerdem noch üppiger machen und Schwammklößchen (nächstes Rezept) in der Suppe gar ziehen lassen.

Dresdener Schwammklößchen

1/8 l Milch oder Bouillon	*1 Msp Muskat*
50 g Butter	*80 g Mehl*
1 Prise Salz	*2 Eier*

Milch oder Bouillon mit den Gewürzen aufkochen, Mehl einschütten und rühren, bis sich die Masse vom Topf löst. Vom Herd nehmen, zuerst ein Ei zufügen und glattrühren, dann das zweite — und diese Brandteigmasse erkalten lassen. Mit zwei Kaffee- oder Teelöffeln kleine Klöße abstechen und in der Suppe gar ziehen lassen.

Schmorfleisch auf sächsische Art

1 kg Ochsenfleisch aus der Hüfte
50 g fetter Speck
Salz
Pfeffer
1 Bund Suppengrün
1 Zwiebel
30 g Fett
1 EL Mehl
3 EL Tomatenmark
1 TL körnige Brühe oder 1 Bouillonwürfel

Das Fleisch spicken, salzen, pfeffern, im heißen Fett allseitig anbraten, die kleingeschnittene Zwiebel ebenfalls bräunen, das Suppengrün zufügen und mit Mehl bestäuben. Wenn alles schön gebräunt ist, mit kochendem Wasser ablöschen, Bouillonwürfel und Tomatenmark zugeben und zugedeckt weich schmoren. Dazu gibt es die echten

Vogtländer Klöße

1½—2 kg Kartoffeln
125 g Weißbrotwürfel
Salz
⅛ l Milch
1 Ei
100 g magerer Speck

Die rohen Kartoffeln reiben, die Masse in der Schüssel glattstreichen und mit ca. ¾—½ l kaltem Wasser übergießen. Zugedeckt einen Tag stehenlassen. Dann über einen Topf locker ein Tuch spannen, die Kartoffelmasse daraufgießen. Am Topfboden setzt sich dabei die Kartoffelstärke ab, die man der Kartoffelmasse zufügt. Das Ei mit heißer Milch glattrühren, mit Salz vermischen. Speck würfeln, etwas auslassen, darin die Brotwürfel bräunen und beides zur Kloßmasse rühren. Salzwasser siedend erhitzen und die Klöße darin gar ziehen lassen.

Bratwurst mit Äpfeln

500 g Bratwurst
750 g Äpfel
2 EL Zucker
½ TL Zimt
125 g Rosinen oder Korinthen
1 TL abgeriebene Zitronenschale
½ Glas Weißwein oder Apfelsaft
50 g Butter

Die Äpfel schälen, Kernhaus ausschneiden, achteln, mit einem Eßlöffel Zucker und dem Zimt bestreuen. Die Rosinen ebenfalls zugeben, durchmischen und 1 Stunde ziehen lassen. Im Schmortopf die Bratwurst in Butter anbraten, Äpfel, Rosinen, Zucker, Zitronenschale aufstreuen, zudecken und ungefähr 20 Minuten schmoren. Äpfel vorsichtig wenden. Die Sauce mit Wein oder Apfelsaft abrunden. Dazu passen gekochte oder rohe Kartoffelklöße, Grieß- oder Semmelklöße.

Klöße mit Speck und Zwiebeln

Beliebige frisch zubereitete Klöße oder solche vom Vortag
250 g Speck
2—3 Zwiebeln
beliebige Salate

Speck und Zwiebeln in kleine Würfel schneiden und langsam bräunen. Darin die vorhandenen halbierten oder in Scheiben geschnittenen Klöße aufbacken oder mit Speck und Zwiebeln die frischgekochten Klöße überstreuen. Dazu beliebige Salate.

Köthener Schusterpfanne

750 g Schweinefleisch
750 g in Scheiben geschnittene rohe Kartoffeln
750 g kleine feste Birnen, ungeschält, aber ohne Stiel
1 EL Kümmel
Salz
1 TL körnige Brühe

In eine servierfähige, also dekorative flache weite Pfanne etwas Öl geben und in die Mitte das gewürzte Fleisch legen, einen Kranz geschnittener Kartoffeln herum und außen die Birnen. Mit den Gewürzen bestreuen, ½—¾ l kochendes Wasser zugießen und zugedeckt bei milder Hitze schmoren. Das Fleisch ist nach 1½—2 Stunden weich — die Aromen von Fleisch und Birnen haben sich gegenseitig und die Kartoffeln durchdrungen, so daß die Schusterpfanne auch den Kindern schmeckt, die Fleisch wenig oder gar nicht essen.

Sächsischer Krautklump

Das ist ein besonders herzhaftes volkstümliches Gericht, das sehr schön saftig und aromatisch ist.

600 g Schweinefleisch
die gleiche Menge Weißkohl
250 g Kochbirnen
Salz
1 EL Zucker
Essig
750 g Kartoffeln
3 Brötchen
1 Ei
Pfeffer
1 EL Mehl
30 g Fett

Das Fleisch mit dem geviertelten Weißkohl und den Birnen in leichtem Salzwasser nicht zu weich kochen und mit Essig und Zucker kräftig abschmecken. Für den Klump braucht man die Hälfte gekochter und roher Kartoffeln. In den Mixer geben. Das Weißbrot würfeln, im Fett bräunen, zu den Kartoffeln geben, mit Mehl, Gewürzen und Ei gut durchkneten und von dieser Masse mit einem Eßlöffel Klöße abstechen und in der Kochbrühe gar ziehen lassen.

Leipziger Allerlei

nennt man gemischte junge Gemüse aus Karotten, Erbsen, Spargel und jungen Bohnen. Es gehören jedoch auch noch Morcheln und Krebsschwänze dazu, wenn man das Gericht nach der klassischen Art zubereiten möchte! Da sich diese Gemüse nicht dazu eignen, zusammen gedämpft zu werden, wurde früher jede Sorte, säuberlich geputzt und separat in Salzwasser gekocht. Dann wurde aus Butter, Bouillon und etwas süßer Sahne eine helle Sauce zubereitet, in die die abgekochten Gemüse kamen. Mit Krebsbutter abschmecken — und die Gemüse zum Schluß damit noch beträufeln.

Für die einfachere Version nehmen wir:

Blumenkohl, Möhren,
Erbsen, Bohnen, Spargel,
Morcheln oder junge
Pfifferlinge
Salz

etwas körnige Brühe
etwas Butter
je nach Menge der
Gemüse
einige EL saure Sahne

Da wir nur noch Blumenkohl und Spargel in Salzwasser kochen, nehmen wir also dafür je einen gesonderten kleinen Topf, während wir Bohnen, Erbsen, Pilze in wenig Wasser mit Butter dämpfen, um die Nährstoffe zu erhalten. Zuletzt die Gemüse mit etwas körniger Brühe würzen und einige Eßlöffel Sahne darübergeben, durchschwenken — fertig. Auf diese Weise behalten die Gemüse einen sehr feinen delikaten Geschmack und eignen sich als Beigabe zu allen hellen Fleisch- und Geflügelspeisen.

Junge Erbsen mit Mettwurst auf Leipziger Art

In Sachsen ißt man zur Mettwurst gern zarte Erbsen, während man im Rheinland und in Westfalen dazu Saubohnen, Grünkohl, Wirsing oder Weißkohl reicht.
Übrigens zur Wurst in Sachsen: Kaum anderswo waren die Bestimmungen zur Herstellung von Wurst so streng wie in Sachsen. Die Leipziger Polizeiverordnung von 1512 bestimmte: »Die Fleischhakker sollent auch kein wurst machen denn mit dem fleisch, dass von dem swine kommen ist.«

1 kg junge Zuckererbsen
40 g Butter
Salz
1 Bund Petersilie
500 g Mettwurst oder Bratwurst
2 EL süße Sahne
körnige Brühe

Die Zuckererbsen werden nicht aus den Hülsen genommen, sondern nur die Fasern abgezogen, gewaschen, mit wenig Salz, etwas körniger Würze, einem Stückchen Butter und knapp 2 cm Wasser im Topf bei milder Hitze ca. 25 Minuten gedämpft, mit etwas Sahne durchgeschwenkt. Die Mett- oder Bratwurst in Butter braten, auf den Erbsen servieren. Kartoffelpüree dazu.

Die Geflügelrezepte unterscheiden sich in Sachsen wenig von jenen der benachbarten Gebiete, so daß wir sie hier weglassen.

Grüne eingelegte Heringe

1—2 kg grüne Heringe
Salz
Pfeffer
2 EL Öl

Für die Marinade:
feine Streifen von 1 unbehandelten Zitronenschale
3 Lorbeerblätter
1 Zweiglein Estragon und Thymian oder grobgerebelte getrocknete Blätter
4 Nelken
so viel Weinessig, daß die Heringe bedeckt sind

Die Heringe unter fließendem Wasser schuppen und ausnehmen, wieder gründlich waschen, dann innen und außen mit Salz und grobgemahlenem Pfeffer einreiben, außen einölen und im Backofen auf dem Rost der Bratpfanne braten. Das dauert bei vorgeheiztem Ofen nur wenige Minuten. In einen sauberen Steintopf werden nun die Heringe eingeschichtet und jede Lage mit den Gewürzen bestreut. Den Weinessig etwas salzen, aufkochen, abkühlen lassen und dann erst über die Heringe geben. Den Topf luftdicht verschließen und kühl und dunkel aufbewahren. Nach einigen Tagen sind die Heringe gut durchzogen.

Frische Heringe auf Forellenart

Je Portion 1 oder 2 Heringe
Salz
etwas Weinessig
zerlassene Butter oder
Holländische Sauce oder
Petersiliensauce

Die Heringe unter fließendem Wasser ausnehmen, schuppen und waschen, leicht salzen, in Essig wenden — man gibt etwas auf einen Suppenteller — und dem Hering den Schwanz ins Maul stecken. In großem weiten Topf gesalzenes Wasser siedend erhitzen, die Heringe vorsichtig einlegen und bei Siedehitze — nicht Kochhitze! — die Fische ca. 10 Minuten garen. Entweder gleich portionsweise auf den Tellern anrichten und mit zerlassener Butter übergießen oder vorsichtig auf einer großen Platte kranzartig auflegen und in die Mitte die Schale mit Butter oder Sauce stellen. Mit Petersiliensträußchen verzieren. Salzkartoffeln schmecken dazu sehr gut, ebenso Tomaten- und Kopfsalat.

Bücklinge vom Rost

Je Portion 1 mittelgroßer
Bückling
1 Stückchen Butter
etwas Petersilie
1 Prise Paprika

Der Genuß ist größer, wenn man in der Küche den Hering von Eingeweiden und Gräten befreit. Es gibt heute Entgräter, mit denen man sehr rasch alles herausnehmen kann. Vorsichtig arbeiten, damit das Fischfleisch schön an der Haut bleibt und man sie wieder gut zusammenfalten kann. In die Mitte der geöffneten Filets einen Hauch Paprika und ein winziges Stückchen Butter geben — auf den Rost legen und nur einige Minuten heiß werden lassen. Dazu Püree und Salate.

Bücklinge zu Rührei

Die Bücklinge ausnehmen, entgräten, das Fleisch zerpflücken. Die Eier salzen, pfeffern. In der Pfanne Butter erhitzen, die Eimasse einlaufen lassen. Sobald sie zu trocknen beginnt, den Bückling darauf verteilen, das Ei vom Rand her leicht zusammennehmen und, ehe es ganz fest geworfen ist, auf die Mitte einer heißen Platte stürzen. Mit Püree umlegen, dazu Salate.

Fischsauce auf Leipziger Art zu gekochtem Fisch

50 g Butter
1 EL Mehl
3 Schalotten oder
1 Zwiebel
¼ l Weißwein
2 EL Zitronensaft
1 EL Senf
1 EL Weinessig
1 Prise Zucker
⅛ l Fischsud

In 30 g Butter das Mehl hell bräunen, Schalotten gelb schwitzen, mit dem Fischsud und Zitronensaft ablöschen, Wein, Weinessig und zuletzt Senf zufügen, 5—8 Minuten leicht kochen lassen, mit Zucker abschmecken, restliche Butter unterrühren.

Gebackener Karpfen

1 Karpfen, ca. 1—1½ kg
Salz
weißer Pfeffer
2 EL Mehl
2 Eier
Paniermehl
100 g Butter
Remouladensauce
Salzkartoffeln

Den Karpfen schuppen, ausnehmen, gründlich unter fließendem Wasser waschen, in portionsgerechte Stücke schneiden, mit weißem Pfeffer und feinem Salz einreiben und 1 Stunde stehenlassen. Abtrocknen, in Mehl, verschlagenen Eiern und zuletzt dem Paniermehl wenden, in heißer Butter die Stücke nebeneinanderlegen und bei niedriger Hitze backen. Remouladensauce zubereiten, dazu Kartoffeln sowie Salate.

Karpfen in Rahmsauce

1 Karpfen
4 Schalotten
40 g Butter
Saft von 1 Zitrone
4 EL Paniermehl
⅛—¼ l saure Sahne

Den Karpfen schuppen, ausnehmen, waschen, abtrocknen, salzen und pfeffern. In eine breite, flache, gut gebutterte feuerfeste Form zuerst die feingewiegten Schalotten oder Zwiebeln streuen, die Fischstücke darauflegen, mit Zitronensaft und Sahne übergießen, Paniermehl aufstreuen und mit zerlassener Butter beträufeln. Im Backofen bei mittlerer Hitze gar ziehen lassen. Dazu schmeckt Kartoffelbrei.

Vogtländer Karpfen

1 Karpfen
1 Möhre
1 Stückchen Sellerie
1 Petersilienwurzel
1 Stückchen Lauch
1 Zwiebel
40 g Butter
¼ l Bier
1 Lorbeerblatt
Salz
einige Pfefferkörner
750 g Kartoffeln
500 g Rotkraut

Suppengemüse und Zwiebel fein raffeln, in der heißen Butter einige Minuten bräunen, mit etwas Bier und Wasser auffüllen, 8 Minuten dämpfen, dann den sauber geschuppten, ausgenommenen und in Portionsstücke zerteilten Karpfen, Lorbeerblatt und Pfefferkörner einlegen, den Rest Bier zufügen und zugedeckt bei mittlerer Hitze gar dämpfen. Rotkraut und Salzkartoffeln wie üblich zubereiten.

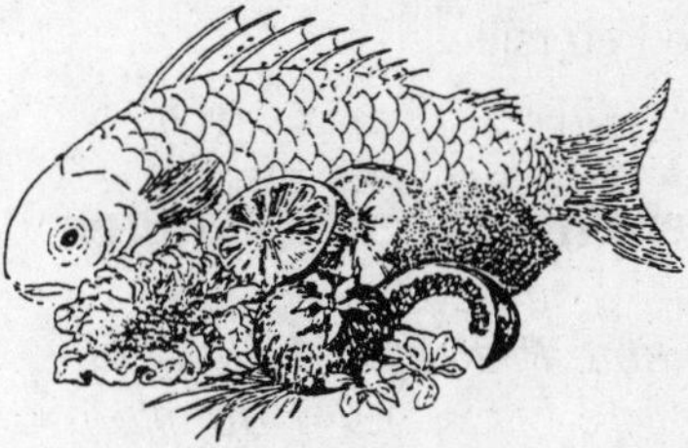

Pilze

Pilzsuppe

500 g gemischte Pilze
150 g magerer Speck
1 Zwiebel
Salz
Pfeffer
750 g Kartoffeln
40 g Butter
1 EL Mehl
reichlich Petersilie

Die Pilze werden gründlich geputzt und dann mehrmals gewaschen und in kleinere oder größere Stücke geschnitten. Inzwischen wird der gewürfelte Speck mit der kleingeschnittenen Zwiebel im Kochtopf leicht gebräunt. Die Pilze zugeben, mit den Gewürzen und Wasser aufgießen und 10 Minuten kochen.
Die Kartoffeln schälen, würfeln und gesondert kochen. Mit Butter und etwas Mehl bereitet man mit der Pilzbrühe eine leicht gebräunte Schwitze zu, gibt Pilze und Kartoffeln zusammen, schmeckt mit Salz, Pfeffer und eventuell einem Schuß Essig ab und streut über die Suppe frischgewiegte Petersilie.

Pilzgericht aus getrockneten Pilzen

200 g getrocknete Pilze
1 Zwiebel
40 g Butter oder 1 Stück Speck
1 EL Mehl
1 Bouillonwürfel
frische oder getrocknete Petersilie

Die getrockneten Pilze abends einweichen und am anderen Tag mit dem Einweichwasser, das fast ganz eingezogen ist, dem gewürfelten Speck und der Zwiebel weich dünsten, mit Mehl bestäuben, mit etwas Essig oder Zitronensaft abschmecken und mit der Petersilie bestreuen.

Pilze mit Brotklößen

Pilze wie vorstehend zubereiten

Für die Brotklöße:
500 g altbackenes Weißbrot oder die entsprechende Menge altbackener Brötchen
3/8—1/2 l heiße Milch
Salz
2 Eier
Petersilie

Das Weißbrot oder die Brötchen in feine Scheiben schneiden, in eine Schüssel geben, mit dem Salz überstreuen, mit der heißen Milch übergießen und mit dem Kochlöffel durchrühren, damit die Milch gleich aufgesogen wird. Die Eier zugeben, eine feste Masse kneten, davon runde Kließe — Klöße — formen und in leicht siedendem Salzwasser 20 Minuten gar ziehen — nicht kochen, weil sie sonst zerfallen. Mit gehackter Petersilie bestreuen.

Grüne Klöße, gekocht

1½ kg große Kartoffeln, roh
¼—½ kg gekochte Kartoffeln
Salz

Das Verhältnis von gekochten zu rohen Kartoffeln ist verschieden. Manche Hausfrauen nehmen nur ungefähr den zehnten Teil gekochter Kartoffeln. Sie gelingen aber sehr gut, wenn man etwas mehr gekochte Kartoffeln zugibt. Die am Vortag gekochten Kartoffeln schälen und durchpressen. Die rohen Kartoffeln waschen, schälen und reiben. Es gibt noch heute viele Köchinnen und Köche, die behaupten, daß die handgeriebenen Kartoffeln die Klöße besser machen. Jedenfalls sollte man zumindest eine Kartoffelreibmaschine benützen. Die geriebenen Kartoffeln also kommen in eine Serviette und werden nun tüchtig ausgedrückt. Die feste Kartoffelmasse zurück in die Schüssel geben und mit einigen Eßlöffeln kochenden Wassers übergießen. Die gekochten, geriebenen Kartoffeln und etwas Salz zufügen und nun schöne große Klöße formen. Sie sollen den Umfang einer Faust haben. Im siedenden Wasser gar ziehen lassen.

Grüne Klöße, gebacken

Zutaten wie vorstehend, dazu noch ca. ¼—⅜ l Buttermilch
reichlich Bratfett

Sobald die geriebenen rohen Kartoffeln aus der Serviette kommen und in der Schüssel liegen, wird die Buttermilch darübergegossen, durchgerührt und nun die gekochten Kartoffeln untergemischt. Es soll ein mehr lockerer als fester Brei sein. In einer großen, am besten gußeisernen Pfanne wird die Masse nun eßlöffelweise eingelegt, flachgedrückt und bei starker Hitze rasch auf beiden Seiten in Bratfett braun gebacken. Dazu kann man Kompott aus eingemachten Beeren essen.

Der Bottermilchgätzen (Tootsch)

besteht eigentlich aus den gleichen Zutaten wie die Grünen, gebackenen Klöße. Man bäckt nicht nur kleine, flache Teile in der Pfanne, sondern der »Gätzen« ist pfannkuchengroß. Man nimmt mittlere Pfannen, gibt von der Masse soviel hinein, daß der Boden wenige Millimeter dick bedeckt ist. Zum Braten bevorzugte man Leinöl oder Rinderfett — heute nehmen wir gern Sonnenblumenöl dazu. Man kann ihn zu Kompott, Sauerkraut oder sogar zum Kaffee essen.

Gebratene »Kließe«

Klöße vom Vortag in Scheiben schneiden und in heißem Öl mit oder ohne Zwiebel auf beiden Seiten braun braten. Gut mit Sauerkraut, Rotkohl, Wirsing, Weißkraut, aber auch zu heißen Würstchen und Salaten.

Kuchen — Kuchen — Kuchen

Wer aus Sachsen stammt und Sachsen liebt, liebt auch die sächsischen Kuchen und kennt die Mengen, die jede Hausfrau zu den Feier- und Festtagen und zusätzlich noch so oft wie möglich zuzubereiten pflegt.
Und gar die Weihnachtsstollen — sie sind heute eine berühmte Spezialität, die aus Sachsen stammende Konditoren, die sich in anderen Gebieten ansiedelten, in alle Welt versenden.
Die meisten der berühmten sächsischen Kuchen sind aus dem gleichen Grundteig zubereitet — dem Hefeteig, vor dem merkwürdigerweise manch jüngere Hausfrau Beklemmungen verspürt. Das ist ganz und gar nicht nötig, denn der Hefeteig ist im Gegenteil einer der einfachsten und sichersten, wenn man sich die richtige Zubereitung nur einmal eingeprägt hat. Außerdem kann man natürlich heute auch auf den tiefgefrorenen Hefeteig zurückgreifen.
Wenn man überlegt, wieviel Mehl man für den Stollen nehmen soll, dann liegt man falsch. Man sollte vielmehr ein Blatt Papier nehmen und aufschreiben, wem allem man einen selbstgebackenen Dresdener Stollen schenken möchte. Wie groß man ihn macht, das ist eine Sache für sich. Man kann ein Ehepaar mit einem größeren und Singles mit kleinen Stollen beglücken.
Wir geben für den Stollen das Maß von 1 kg Mehl im Grundrezept an. Wir denken dabei an die elektrischen Küchenmaschinen, die nicht viel mehr auf einmal verarbeiten. Aber — man kann die Maschine ruhig ein paarmal hintereinander arbeiten lassen, so daß man an einem Nachmittag alle Stollen fertigbekommt, die man selbst haben und verschenken möchte.

Ich gebe hier zwei Grundrezepte für Hefeteig, aus denen sich viele Kuchen und Stollen zubereiten lassen.

Hefeteig I, geschlagen

500 g Mehl	*30—50 g Hefe*
1 TL Salz	*60—80 g Butter*
¼ l Milch	*60—80 g Zucker*

Vorteig: Hefe zerbröckeln, mit 1 TL Zucker, 1 TL Mehl und etwas lauwarmer Milch glattrühren. In die Teigschüssel das Mehl geben, in der Mitte mit dem Kochlöffel eine Kuhle machen, dahinein den Vorteig geben und ca. 15 Minuten gehen lassen. Er vergrößert sich um mehr als das Doppelte.
Grundregel: Der Hefeteig ist empfindlich gegen Zug: also nicht bei offenen Türen und Fenstern arbeiten. Die Hefe selbst ist empfindlich gegen Wärme: sie darf beim Gehen — Vor- oder Hauptteig — nicht mehr als 30°C Wärme bekommen. Also nicht heiße Milch zum Vorteig verwenden, sondern nur lauwarme — die Teigschüssel zum Gehen nicht auf eine zu warme Herdplatte setzen, sondern nur neben eine warme Stelle, die aber nicht zu warm sein darf.

Hauptteig: Während der Vorteig geht, wird die Milch erwärmt, die Butter flüssig gemacht und alle anderen Zutaten leicht erwärmt bereitgestellt. Man vermischt den Vorteig mit dem Mehl, gibt nach und nach Butter und Milch dazu und schlägt den Teig mit dem Kochlöffel so lange, bis er sich von der Schüssel löst.
Bei Küchenmaschine: Man verschlägt alle Zutaten leicht mit dem Löffel und stellt dann die Maschine ein. Anweisung der Hersteller beachten.
Den gegangenen Teig auf dem Backbrett durchkneten und nochmals zugedeckt 30 Minuten gehen lassen.

Hefeteig II, gerührt

500 g Mehl
30 g Hefe
⅛—¼ l Milch
1 TL Salz
125 g Butter
125 g Zucker
1—2 Eier

Dieser Teig hat weniger Hefe und Milch, dafür aber mehr Butter, Zucker und ebenfalls Eier. Vorteig wie bei I zubereiten. Inzwischen Butter und Zucker mit den ganzen Eiern schaumig rühren. Vorteig, Schaummasse und Mehl werden zu einem lockeren Teig verarbeitet. Günstig vor allem für Formkuchen.

Bienenstich

Hefeteig I (s. Rezept S. 37)
250 g Butter
250 g Zucker
125 g Mandeln
60 g Rosinen

Butter schmelzen, Zucker, die in Scheiben geschnittenen Mandeln und die Rosinen zugeben, abkühlen lassen, auf die einmal gegangene Teigplatte auf gut gefettetem Backblech streichen. Nach nochmaligem Gehen bei mittlerer Hitze backen. Erkaltet mit folgender Creme füllen:

Vanillecreme aus fertiger Masse oder
1 l Milch
Salz
60 g Zucker
2 Eigelb
100 g Vanillepuddingpulver (2 Päckchen)
1 Stückchen echte Vanille oder
1 Päckchen Vanillezucker

Milch, Salz, Zucker erhitzen, Vanillepuddingpulver nach Vorschrift einrühren, nach dem Abkühlen die Eigelb unterrühren.

Einfacher Bienenstich

Hefeteig I (s. Rezept S. 37)
100 g Honig
150 g Butter
150 g Zucker
150 g Mandeln

Honig mit Butter und Zucker erhitzen. Abgekühlt die Mandeln zugeben und die Masse auf die aufgegangene Hefeteigplatte füllen. Sonst wie oben.

Sächsischer Streuselkuchen

Hefeteig I (s. Rezept S. 37)

Für die Streusel:
150 g Butter
150 g Zucker
150—200 g Mehl

Für die Streusel Zucker mit Mehl vermischen, die zergangene, aber kühle Butter zugeben und langsam die Masse zwischen den bemehlten Händen zerkrümeln. Man kann noch etwas Zimtpulver, gehackte Mandeln oder Paniermehl zufügen. Weiter wie oben. Sobald der Streusel auf der Teigplatte verteilt ist, noch etwas zergangene Butter aufträufeln und nochmals Zucker darüberstreuen.

Sächsischer Sirupkuchen

Auf die auf dem Backblech ausgebreitete Teigplatte gibt man eine dünne Schicht Sirup und streut dann erst die Streusel auf. Weiter wie vorstehend.

Sächsische Eierschecke

(Abb. S. 49)

Hefeteig I oder II (siehe Rezept S. 37 oder 38)
5 Eier
250 g Zucker
1 EL Kartoffelmehl bzw. Mondamin
50—100 g Rosinen

Einen größeren Topf mit so viel Wasser auf das Feuer stellen, daß man einen zweiten Topf bequem einhängen kann. Das Wasser darf nur 3 Zentimeter unter den Topfrand des kleineren Topfes reichen. Im Wasserbad werden unter ständigem Rühren Zucker und Eier mit dem Kartoffelmehl zu einer dicken Creme gekocht. Die Rosinen auf dem aufgegangenen Teig verteilen und die Creme darübergeben. Sofort im heißen Ofen backen.

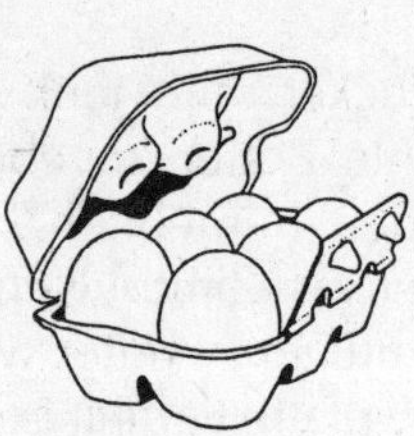

Sächsischer Kirmeskuchen

Hefeteig I oder II (siehe Rezept S. 37 oder 38)
500 g Quark
150 g Zucker
1 EL Mehl
etwas abgeriebene Zitronenschale
50 g Butter
einige EL Milch
2—3 Eigelb

Für die Streusel:
75 g Mehl
75 g Zucker
1 Msp Zimt
60 g Rosinen
75 g Butter

Der aufgegangene Hefeteig wird auf das gefettete Backblech gerollt. Ränder hochziehen. Quark durchs Sieb geben, mit allen Zutaten vermischen und auf den Teig streichen. Darüber kommen die Streusel (Zubereitung wie bei Streuselkuchen). Kuchen nochmals gehen lassen und dann bei guter Mittelhitze backen.

Sächsischer Schokoladekuchen

Hefeteig I (s. Rezept S. 37)
150 g Zucker
150 g Butter
3—4 EL Kakao

Den aufgegangenen Hefeteig fingerdick auf das gut eingefettete Kuchenblech geben, bei Mittelhitze fast fertig backen, dann kurz herausnehmen, die Schokoladenmasse — für die alle Zutaten miteinander verrührt wurden — aufstreichen und fertigbacken.

Weihnachtsstollen I

(Abb. S. 96)

1 kg Mehl
120 g Hefe
¼—½ l Milch (je nach Mehlsorte)
200 g Rosinen
200 g Korinthen
200 g Mandelblättchen
100 g Zitronat
250 g Zucker
375 g Butter
etwas Ingwerpulver
1 Prise Muskatnuß
1 TL Salz
etwas abgeriebene Zitronenschale

Wie im Grundrezept I (s. S. 37) beschrieben, den Hefeteig mit allen Zutaten verarbeiten. Er muß ziemlich fest sein, damit der Stollen eine schöne Form bekommt. Nach dem ersten Gehen den Teig zu einem ovalen Brot formen, nochmals gehen lassen und dann das Nudelholz auf die Mitte des Stollens legen, die eine Hälfte flachdrücken, die andere darüberlegen. Nach nochmaligem Gehen mit zergangener Butter bepinseln und bei guter Mittelhitze backen. Man kann auch einige kleine Stollen aus der Menge herstellen. Nach dem Backen nochmals mit Butter bestreichen und mit Puderzucker dick bestreuen.

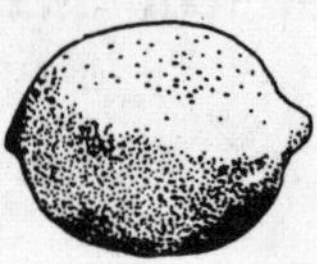

Weihnachtsstollen II

1 kg Mehl
120 g Hefe
¼–½ l Milch
je 125 g Zucker, Mandeln
Zitronat
je 250 g Rosinen und Korinthen
4 Eier
1 TL Salz
300 g Butter

Bei diesem Rezept werden die Zutaten ohne Butter zum Hefeteig verarbeitet. Nachdem er glattgeschlagen ist, wird die weiche, aber nicht flüssige Butter unter den Teig geknetet. Aufgehen lassen, oval ausrollen, mit Wasser bepinseln, und übereinanderlegen. Jetzt nochmals gehen lassen. Weiter vorgehen wie bei I.

Hefe-Käsekuchen

½ Menge von Grundrezept I (s. S. 37)
750 g Weichkäse
3 Eier
125 g Zucker
100 g Mehl
70 g Butter
60 g Rosinen
Salz

Hefeteig zubereiten, nach zweimaligem Gehen in eine gefettete Springform füllen und den Rand bis oben ziehen.
Für die Auflage die Eigelb mit dem Zucker schaumig rühren, den durch ein Sieb gestrichenen Käse und 1 Prise Salz zugeben, verrühren, dann löffelweise Mehl, zerlassene Butter, die eingeweichten und abgetrockneten Rosinen und zuletzt den sehr steifgeschlagenen Eischnee zufügen und in die Springform füllen. Bei guter Mittelhitze langsam backen.

Sächsischer Butterkuchen

Hefeteig I oder II (siehe Rezept S. 37 oder 38)
Saft und abgeriebene Schale von ½ oder ganzen unbehandelten Zitrone
125 g Butter
150 g Zucker
½ TL Zimt

Den Hefeteig mit Zitronensaft und Schale verarbeiten. Auf gut gefettetem Backblech zum Gehen ausrollen, 20 Minuten bei guter Mittelhitze backen, gleich nach dem Herausnehmen mit der Butter bestreichen und mit Zimtzucker bestreuen.

Sächsischer Heidelbeerkuchen

Grundrezept I oder II (s. S. 37 oder 38)
die ganze oder halbe Menge: für Springform die halbe, für Kuchenblech die ganze Menge nehmen
500—1000 g Heidelbeeren
100 g Paniermehl
einige EL Zucker

Auf den zweimal gegangenen Hefeteig, den man gut ausgerollt und auf eine gefettete Form gegeben hat, die gewaschenen Heidelbeeren legen. Es ist zu empfehlen, auf den Teig zuerst das Paniermehl zu geben, damit es die Feuchtigkeit der Beeren aufnehmen kann. Bei milder Hitze backen — nach dem Auskühlen zuckern.

Sächsische Plinsen

500 g Buchweizenmehl
250 g Weizenmehl
50 g Hefe
1 l Milch
3—4 Eier
Salz
¼ l saure Sahne
etwas abgeriebene Zitronenschale
Bratfett

Aus allen Zutaten einen ziemlich flüssigen Teig rühren und dann so lange schlagen, bis er Blasen wirft. In kleinen Pfannen daraus Pfannkuchen backen, die man noch mit einigen Rosinen bestreut. Nach dem Backen die Plinsen zuckern. Mit Kompott servieren.

Quarkkeulchen

750 g gekochte Kartoffeln
250 g Quark
Salz
die abgeriebene Schale von ½ Zitrone
100 g Korinthen
1 Prise Muskatnuß
1 Ei
so viel Mehl, wie die Masse gut aufnimmt
Butterschmalz
1 TL Zimt und Zucker

Die Pellkartoffeln durch die Presse geben, mit dem Quark und allen Zutaten verarbeiten, mit bemehlten Händen kleine längliche Keulchen formen und in heißem Butterschmalz knusprig backen. Danach mit Zimtzucker bestreuen.

Thüringen

Hier, im grünen Herzen Deutschlands, in dem winzigen Großherzogtum Sachsen-Weimar, war Johann Wolfgang von Goethe Staatsminister. Er war nicht nur in seinen dienstlichen Aufgaben und in der persönlichen Arbeit von außerordentlicher Genauigkeit und Planmäßigkeit, sondern übertrug dies auch auf alle häuslichen Gebiete und nicht zuletzt jene der Küche. Er kümmerte sich eigenhändig um die Erstellung des Küchenzettels. Der österreichische Dramatiker Grillparzer rief einmal bissig und dabei dennoch bewundernd aus, daß Goethe zwar gelegentlich etwas Schlechtes geschrieben, aber nie etwas Schlechtes gegessen habe. Fast möchte man meinen, es seien ihm schon damals die Zusammenhänge zwischen geistiger Frische und richtiger Ernährung klar gewesen. (Ganz im Gegensatz zu Richard Wagner, der mit ungeheurem Appetit alles verzehrte, was auf den Tisch kam. Als man ihm dies einmal vorwarf, erwiderte er erstaunt, warum man ihm denn dann so viel hinstelle.)
Thüringen ist ein Land mit reicher Tradition an Volksbräuchen, ein Land des Liedes, der Vogelzüchter und Glasbläser, der Spielzeugschnitzer, es umfaßt aber auch alte Kultur- und Wissensstätten wie Weimar, Jena und Eisenach und die Blumenstadt Erfurt, die Wartburg, Gera und Gotha. Mit Thüringen verbindet sich der Begriff des Thüringer Waldes, dessen Zauber Goethe in vielen seiner Verse wunderschön eingefangen hat. Der Wald ist nicht nur Element der Landschaft, sondern greift auch tief in

das Leben der Thüringer ein. Dieses Leben ist einfach, und manche Mahlzeit wurde aus dem Wald geholt. Schwämme und Beeren sind die schönsten Zutaten zu den Leibspeisen des Thüringers: den Klößen und den Kuchen. Freilich — wir dürfen die Thüringer Rostbratwürste und die Hefeplinsen nicht vergessen. Einige Male in der Woche sind die »dran«, aber von den Klößen heißt es, daß es sie nicht täglich gibt, sicher aber siebenmal in der Woche. Und einem echten Thüringer gegenüber darf ich meine Meinung nicht laut vertreten, daß man die rohen Kartoffeln besser durch die Kartoffelreibemaschine treibt, als mit der Hand geduldig Berge von Kartoffeln zu reiben. Denn in der Maschine ist eben das geriebene Kartoffelstückchen ganz kurz, während für die Thüringer der Reiz der Klöße darin liegt, daß die hauchdünnen Kartoffelfäden nicht nur zu sehen, sondern auch auf der Zunge zu schmecken sind. In diese schönen, liebevoll gedrehten Thüringer Klöße gehören unbedingt geröstete Brot- oder Semmelbröckchen.
Bevor es üblich wurde, überall Rostbratwürste mit einem Brötchen in und vor Imbißstuben zu kaufen, kannte man dies schon in Thüringen. Die Thüringer Bratwurst darf nur auf einem Rost über Holzkohlenfeuer gebraten werden. Das Fleisch wird dafür nur grob zerkleinert. Die Haut soll im Gegensatz zu anderen Würsten, bei denen man darauf achtet, daß sie nicht platzt, mindestens zweimal geplatzt sein, damit der herbe Duft des Holzkohlenfeuers ganz in die Wurst eindringen kann.
Und der Reichtum der Pilze bietet die Möglichkeit, sie vom Sommer an bis tief in den Winter mit Klößen zu verspeisen! In den Thüringer Wäldern war der Pilzsegen so groß, daß man Körbe voll heimschleppen konnte, um die »Schwämm« auf lockeren Sieben zu trocknen. Klöße und Schwämm — wir wollen nicht nur in Erinnerungen schwelgen, sondern uns die Rezepte anschauen, um für

unsere Küchen etwas dazuzulernen. Wir müssen natürlich unsere Pilze auf dem Markt oder im Laden kaufen. Und die Kuchen! Beileibe nicht in runden Formen, sondern auf mächtigen Kuchenblechen gebacken — groß wie Wagenräder nennt sie ein Chronist — mit Zwetschgen und Äpfeln, mit den gerade reifen oder reifenden Beeren, mit herrlichem Streusel, dick mit Mohn — oder mit Quark, Rosinen und Marmelade oder mit Speck und Zwiebeln. Wußten Sie übrigens, daß Thüringen das größte Mohnanbaugebiet Deutschlands war? Wer wird denn all die Kuchen essen, fragte ich mehrmals — aber wenn man dann zuschaute, wie zum Kaffee mit Appetit und Routine zugegriffen wurde und die Kuchenberge sich rasch lichteten, konnte man nur bewundernd staunen.
Welchen Kuchen man vor sich hat, das ist in Thüringen nicht auf den ersten Blick zu erkennen. Denn über das Obst kommt noch die abschließende Schicht aus Creme. Dabei ist dieses Wort Creme weit gefaßt: Es kann eine sehr gute gerührte Eiercreme, eine einfache Pudding- oder eine Quarkcreme sein — jede aber verleiht dem Kuchen einen herrlichen, goldbraunen Glanz!

Kuchen und Torten

Nach diesem paradiesischen Blick auf köstliche Kuchen wollen wir gleich damit anfangen:
Der solide Grund für Thüringer Kuchen ist vor allem der *Hefeteig.* Er hat die unübertreffliche Eigenschaft, auch

Pilzsuppe mit Grießklößchen (Rezepte S. 58 und S. 20) ▷

mit wenigen Zutaten zu schmecken und sich vor allem bei Obst- und Quarkkuchen neutral zu verhalten.
Im Kapitel »Sachsen« (Seite 37/38) fanden Sie zwei Hefeteig-Grundrezepte angegeben. Die Zutaten unterscheiden sich in Thüringen kaum von jenen in Sachsen. Jede Hausfrau hat es ja in der Hand, je nachdem, was sie nun gerade vorrätig hat, ein bißchen mehr oder weniger Fett oder Zucker zuzugeben. Ein Rezept ist ganz ohne Eier — man soll sie ruhig weglassen, denn man macht durch die Eier den Hefeteig nur sehr trocken.
Das Gelingen hängt davon ab, daß man ihn geduldig schlägt, bis er Blasen wirft, oder nicht zu große Mengen an Zutaten in die Küchenmaschine gibt und ihr die Arbeit des Schlagens und Knetens überläßt. Je länger der Hefeteig bearbeitet wird, desto feinporiger wird er, desto gleichmäßiger geht er und desto besser läßt er sich auch dünn ausrollen.

Thüringer Heidelbeerkuchen

Hefeteig-Grundrezept (Seite 37/38)
½—1 kg Heidelbeeren
100 g Paniermehl
Zucker zum Bestreuen

Den zweimal gegangenen Hefeteig dünn ausgerollt auf das eingefettete Kuchenblech legen, mit Paniermehl bestreuen und darauf dick die gewaschenen, gut abgetropften Heidelbeeren legen. Bei kräftiger Mittelhitze backen — dann zuckern.

◁ *Sächsische Eierschecke* (Rezept S. 40)

Thüringer Heidelbeerkuchen, gedeckt

Zutaten wie vorstehend (oder die Hälfte davon für einen runden Kuchen)
2 Vanille- oder Mandel-Puddingpulver
Zucker
2 Eier

Zutaten wie vorstehend verarbeiten. Pudding kochen, etwas abkühlen lassen, mit den Eigelb und dann dem steifgeschlagenen Eischnee vermischen, auf den Kuchen geben und backen. Möglichst ein Stück Butter unter den Pudding geben, der sehr fest sein soll.

Hefe-Muskuchen

Hefeteig-Grundrezept (Seite 37/38)
Fruchtmus von ca. 1½ kg frischen Früchten
1 Eigelb
Zucker

Beim dünn ausgerollten Hefeteig den Rand gut hochziehen, das Fruchtmus auflegen, leicht zuckern, eine ganz dünne Teigdecke auflegen, mit Ei bestreichen, bei kräftiger Hitze backen.

Hefe-Marmeladenkuchen

Zutaten wie vorstehend,
anstelle des Fruchtmuses
rechnet man 500—750 g
Marmelade

Zubereitung wie Muskuchen. Man kann anstelle einer ganzen Teigdecke auch einen Teigteil in feine Streifen rädeln und gitterartig auf die Marmelade legen.

Kirsch-Streuselkuchen

Hefeteig-Grundrezept
(Seite 37/38)

Zutaten für die Streuseln
wie beim Sächsischen
Streuselkuchen (Seite 39),
dazu 750 g frische Kirschen

Streuselkuchen ist fein — Kirschkuchen ist gut — Kirschstreuselkuchen ist einfach unübertrefflich — bitte, das stammt nicht von mir, sondern von einem begeisterten Thüringer Freund.
Auf dem ausgerollten Hefeteig verteilt man die entsteinten Kirschen, bereitet die Streusel wie angegeben zu und verteilt sie auf der Kuchenplatte. Weiter wie bei Sächsischem Streuselkuchen angegeben.

Mandelkuchen

Hefeteig von Grundrezept (Seite 37/38)

Zum Belegen:
125 g Butter
225 g Zucker
250 g süße und einige bittere Mandeln
2 Päckchen Vanillezucker
einige EL Milch

Den gegangenen Hefeteig ausrollen, auf gebuttertes Backblech legen, nochmals gehen lassen. Inzwischen Butter weich rühren, mit allen anderen Zutaten — Mandeln reiben oder nur grob hacken oder stifteln — vermischen und die Masse auf den Hefeteig streichen und bei guter Mittelhitze backen.

Kleckerkuchen

Hefeteig nach Grundrezept (Seite 37/38), dazu Reste von verschiedenen Füllmassen, z. B. Quark, Mohn, geraffelte Äpfel, Marmelade
einige EL Zucker
2 EL Rum

Den gegangenen Teig ausrollen, reihen- oder kleckerweise die verschiedenen Reste von Füllmassen auf der Teigplatte verteilen, dazwischen geraffelte Äpfel oder Marmelade geben, mit Rum beträufeln, Zucker darüberstreuen und zusammenrollen, nochmals gehen lassen, mit Milch bestreichen, bei guter Mittelhitze backen. Man kann auch etwas Teig zurückbehalten und als sehr dünne Teigschicht über die Füllmasse legen.

Hefekuchen mit Äpfeln I

½ Menge von Grundrezept Hefeteig (Seite 37/38)

Zum Füllen:
1 kg Äpfel
80 g Zucker
Saft von ½ Zitrone
3 EL gehackte Mandeln
4 EL Korinthen
etwas Zucker

Hefeteig wie angegeben zubereiten, auf rundem Tortenboden und den Seiten ausbreiten. Äpfel nur einige Minuten in siedendem Zuckerwasser dünsten, dann damit den Tortenboden belegen, mit Mandeln, Korinthen belegen. Bei Mittelhitze backen, zuckern.

Hefekuchen mit Äpfeln und Streuseln

Zutaten wie bei Streuselkuchen (Seite 39), die halbe Menge, oder

für die Streusel:
60 g Butter
60 g Zucker
40 g Mandeln
125 g Mehl

Für die Füllung:
1 kg Äpfel
1 Zitrone
60 g Butter
40 g Zucker

Den gegangenen Hefeteig auf dem runden Kuchenblech verteilen, Seiten etwas hochziehen, mit zergangener Butter beträufeln, die Apfelscheiben dachziegelartig auflegen, nachdem man sie mit Zitronensaft beträufelt und kurz in heißer Butter und Zucker gewendet hat.
Streusel: Die grobgehackten Mandeln mit Mehl und Zucker mischen, die zergangene, erkaltete Butter dazugeben und alles zwischen den bemehlten Händen zerkrümeln — über den Kuchen geben. Bei kräftiger Mittelhitze backen.

Hefekuchen mit Pflaumen oder Zwetschgen

Hefeteig, Grundrezept I (Seite 37)

$1\frac{1}{2}$—2 kg Pflaumen oder Zwetschgen

Den gegangenen Hefeteig auf ein Kuchenblech ausrollen — runde Form halbe Mengen — und die Pflaumen halbiert dick dachziegelartig auflegen. Bei mittlerer Hitze backen und erst nach dem Backen zuckern.

Hefe-Zwiebel-Kuchen

Grundrezept Hefeteig I (Seite 37)
600—750 g Zwiebeln
150 g in sehr dünne Scheiben geschnittener Speck oder ebensoviel gewürfelter Speck
4--5 Eier
$\frac{1}{8}$—$\frac{1}{4}$ l saure Sahne
etwas Salz
eventuell Kümmel oder Paprika

Sobald der Hefeteig gegangen ist, ausrollen und Kuchenblech — das gut gebuttert wurde — damit belegen. Zwiebeln in feine Scheibchen schneiden. Die Speckscheiben leicht rösten, dann die Zwiebelscheiben in dem zergangenen Fett des Specks glasig dünsten oder noch etwas Öl zugeben. Auf dem Hefeteig zuerst die Speckscheiben und dann die Zwiebelscheiben verteilen. Eier mit den gewählten Gewürzen und der Sahne gut verschlagen und über die Zwiebeln gießen — bei guter Mittelhitze backen.

Napfkuchen auf Thüringer Art

Hefeteig, Grundrezept II (Seite 38)
etwas abgeriebene Zitronenschale
je 75 g Rosinen und Korinthen
75 g Mandeln
50 g Zitronat

Dem Teig werden die Zutaten noch zugemischt und sofort in eine gut gebutterte Gugelhupfform, die man mit Paniermehl ausstreut, gegeben. Er muß bis zur ungefähr doppelten Höhe gehen. Dann bei guter Mittelhitze backen.

Ländlicher Schmantkuchen

Hefeteig, Grundrezept I (Seite 37)

Grießmasse aus:
1 l Milch
40 g Zucker
Vanillezucker
20 g Grieß

1½ kg Früchte (Äpfel, Pflaumen, Kirschen, Johannis- oder Stachelbeeren)
⅜ l saurer Schmant (Sahne)
30 g Zucker
50 g Mehl oder Mondamin

Den gegangenen Hefekuchen auf gebuttertes Backblech geben. Milch aufkochen, Zucker, Vanillezucker zugeben, Grieß einstreuen, ausquellen lassen. Die Masse auf den Hefeteig streichen, darauf die Früchte verteilen. Und schließlich die Sahne mit Zucker und Mehl vermischen, über die Früchte gießen — und bei kräftiger Hitze backen. Herrlich!

Thüringer Kirschkuchen

200 g Zucker
6 Eier
150 g Mandeln
abgeriebene Schale von ½ Zitrone
200 g Mehl
500 g Kirschen
1 TL Zimt

Zucker und Eigelb 15 Minuten schaumig rühren, mit den geriebenen Mandeln, Zitronenschale, dem Mehl und Zimt, zuletzt dem steifen Eischnee vermischen und dann erst die entsteinten Kirschen unterheben.
In gut gebutterter Springform bei mittlerer Hitze backen.
Kirschkuchen waren übrigens die Lieblingskuchen Friedrich von Schillers.

Thüringer Obsttorte mit Guß

250 g Mehl
75 g Butter
60 g Zucker
1 Ei
1—2 EL Wasser
1 TL Backpulver
Paniermehl oder zerbröckelte Kuchenkrümel oder Zwiebackbrösel
1 kg Obst
¼ l saure Sahne
3 Eigelb
60—75 g Zucker

Butter, Zucker, Ei schaumig rühren, löffelweise das mit dem Backpulver vermischte Mehl zugeben und dann alles rasch verkneten, ausrollen, Springform gut buttern und mit dem Teig belegen. Diesen mit Kuchenkrümeln oder Zwiebackbröseln, auch Paniermehl, bestreuen, das gewählte Obst — Pflaumen, Stachelbeeren, entsteinte saure Kirschen — dicht auflegen und bei mittlerer Hitze backen. Dann herausnehmen, die Sahne mit Eigelb und Zucker verquirlen, über den Kuchen gießen und nochmals für 10—15 Minuten in den Backofen geben.

Erdbeertorte

Erdbeeren kann man *nie* mitbacken oder erhitzen. Sie kommen stets auf den gebackenen Mürbeteig oder einen fertig gekauften Boden. Man kann sie aber dann mit farbigem Gelee, leicht gezuckerter Schlagsahne oder kalt gerührter Mandelcreme übergießen und kühl stellen.

Suppen

Einen lustigen Brauch kennt man in Thüringen: Vor dem Weg zur Kirche wird den Brautleuten eine Terrine lekkere Suppe vorgesetzt — und wer dabei zuerst mit dem Löffel in die Terrine fährt — hat die Hosen an. In Marksuhl dagegen müssen beide gleichzeitig zu löffeln beginnen und gleichzeitig aufhören, damit keiner vor dem anderen stirbt!

Die Pilzsuppe

(Abb. S. 48)

ist dabei die beliebteste während eines guten Teiles des Jahres, daher wollen wir sie an den Anfang setzen:

500—750 g gemischte Pilze	*1 EL Mehl*
Petersilie, Schnittlauch	*1 Bouillonwürfel*
Zwiebel	*Wasser*
Salz	*ein bißchen sauren Schmant (Sahne)*
Pfeffer	*Grießklößchen oder 750 g*
40 g Fett nach Geschmack	*kleingewürfelte Kartoffeln*

Wenn die Suppe das Hauptgericht bildet, kommen Grießklößchen oder Kartoffeln hinein.

Die Pilze gründlich putzen, waschen, in Stücke schneiden, mit der feingehackten Zwiebel andämpfen, mit Mehl bestreuen, langsam ablöschen, Bouillonwürfel zerdrückt dazugeben, aufkochen und dann die kleingeschnittenen Kartoffeln zufügen. Zuletzt mit feingewiegten Kräutern bestreuen, mit Salz und Pfeffer abschmekken, evtl. mit Sahne abrunden.

Hirnsuppe

1 Rinder- oder Kalbshirn	*1 Glas Weißwein*
1 l Wasser	*40 g Butter*
Bouillonwürfel	*2 EL Mehl*
1 Zwiebel	*Salz*

Das Hirn wässern, häuten, in Salzwasser leicht kochen. Im heißen Fett Zwiebel hell anschwitzen, mit Mehl glattrühren, mit der Kochbrühe aufgießen und einige Minuten kochen. Inzwischen das Hirn zerdrücken oder fein wiegen, zur Suppe geben, mit etwas Bouillonwürze und Weißwein abschmecken und leicht salzen.

Frühlingssuppe

750 g Kartoffeln
1—2 Eigelb
⅛ l sauren Schmant (Sahne)
2 Handvoll Sauerampfer und Kerbel
1 Zwiebel
1 Bouillonwürfel
40 g Mehl
50 g Butter
Salz
Pfeffer

Die in Würfel geschnittenen rohen Kartoffeln in leichtem Salzwasser weich kochen, durch ein Sieb streichen. Zwiebel und gut gewaschene Kräuter im Mixer pürieren oder sehr fein schneiden. In der heißen Butter Zwiebel und Kräuter einige Minuten dämpfen, mit Mehl bestäuben, mit der Kartoffelsuppe auffüllen, Bouillonwürfel zufügen, alles noch 10 Minuten leicht kochen, dann würzen und mit Eigelb und Sahne, die zusammen glattgerührt wurden, legieren. Sehr lecker.

Thüringer Brotsuppe

150 g Schwarzbrot
1 große Zwiebel
30 g Butter
⅛ l saure Sahne oder Crème fraîche
1 EL Mehl
1 Bouillonwürfel
Salz
Pfeffer

Das in Scheiben geschnittene Brot trocken rösten, die feingeschnittene Zwiebel in Butter hellgelb bräunen, mit Mehl glattrühren, heißes Wasser und Bouillonwürfel sowie das zerbrochene Brot zugeben, 15 Minuten kochen, dann passieren oder durch den Mixer geben, mit der Sahne abrunden und würzen.

Zwiebelsuppe

2—3 große Zwiebeln
30—40 g Butter
1—2 EL Mehl
100 g Weißbrot
Bouillonwürfel
Salz
Pfeffer

Die in Scheiben geschnittenen Zwiebeln in der heißen Butter hell anschwitzen, Mehl darüberstreuen, mehrmals wenden, mit Bouillon oder heißem Wasser und Bouillonwürfel aufgießen, 15 Minuten kochen, eventuell noch mit Salz und Pfeffer würzen. Mit gerösteten Brotwürfeln servieren.

Sauerkrautsuppe

250 g Sauerkraut
30 g Butter
30 g Mehl
1 Bouillonwürfel
⅛ l saurer Schmant (Sahne)

In der heißen Butter das Mehl hellgelb bräunen, das Sauerkraut locker einstreuen, mit heißem Wasser und Bouillonwürfel aufgießen, ca. 15 Minuten kochen — dann mit saurer Sahne, eventuell auch Kümmel abschmecken. Geröstetes Brot dazu. Übrigens: Es ist nicht thüringischer Brauch, aber trotzdem empfehlenswert: zur Suppe etwas edelsüßen Paprika anstelle des Kümmels zugeben. Schmeckt wundervoll.

Brat- und andere Würste

Eine Bratwurst vom Rost

läßt sich auch zu Hause ohne Holzkohlenfeuer zubereiten — haben wir einen Gartengrill und können ein echtes Holzkohlenfeuer anfachen, ist es noch besser. Wir sagten schon, daß der Thüringer die Bratwurst aufgeplatzt schätzt, damit das Aroma des Feuers in die Wurst eindringt. Daher wird die Wurst einige Male auf dem Rost mit kaltem Wasser bespritzt. Legt man die Bratwurst auf den Rost des Elektrogrills oder des Backofens, ist es besser, wenn die Haut ganz bleibt. Wir machen es dann so, daß wir die Würste einen Augenblick in heißes Wasser tauchen, abtrocknen und dann erst eingeölt auf den Rost legen. Mehrmals mit Öl bepinseln erhöht die Saftigkeit.

Thüringer Rotwurst

ist ein anderer Leckerbissen, der in aller Welt beliebt wurde. Dazu gibt es entweder abgekochte, mit Butter durchgeschwenkte Teigwaren oder wiederum Kartoffelbrei. Die Rotwurst schneidet man in dicke Scheiben und serviert sie extra. Dazu passen frische Salate.

Thüringer frische Blutwurst mit süß-sauren Linsen

250 g Linsen
250 g Suppengemüse
2 Zwiebeln
100 g magerer Speck
500 g frische Blutwurst
1—3 EL Weinessig
Salz
Pfeffer
Zucker

Die tags zuvor eingeweichten Linsen sind mit dem Wasser, reichlich kleingeschnittenem Suppengemüse — Lauch, Petersilienwurzel, Sellerie, Möhre — bei milder Hitze weich zu kochen. Speck und Zwiebel bräunt man zuletzt in der Pfanne und gießt sie über die Linsen. Die Blutwurst wird in jedem Fall gesondert serviert.

Fleischgerichte

Thüringer Rostbrätel

So wie es in Berlin früher hieß: »Hier können Familien Kaffee kochen«, so konnte man früher in Jena sein Rostbrätel mitbringen und im Garten auf dem Rost selbst braten. Auch hier schätzte man das Holzkohlenfeuer. Wir machen das Rostbrätel im Grill oder der Bratpfanne im Backofen.

Je Portion rechnet man
1 Scheibe Schweinefleisch, mindestens 200—250 g,
dazu Salz, Pfeffer, Senf
etwas dunkles Bier (in Thüringen nimmt man Lichtenhainer Bier)
dazu dunkles Brot

Das Schweinefleisch salzen und pfeffern, auf den geölten Rost legen und in den Grill oder Backofen schieben. Grill oder Ofen haben wir schon auf gut 220 °C vorgeheizt. Nun anbraten, mehrmals mit Bier begießen, wenden, bis das Fleisch durchgebraten ist. Man legt das Fleisch aufs Brot, bestreicht es mit Senf — und vergißt das Bier dazu nicht.

Thüringer Topfbraten

Zusammen gut 1—1¼ kg
Schweinskopf, Ohr,
magerer Schweinebauch,
Schweineherz und -nieren
Salz
Lorbeerblatt
1 Zwiebel
50 g Pfefferkuchen
1—2 EL Mehl
3 EL Pflaumenmus
2 EL Weinessig
1—3 TL Zucker (nach Geschmack)
evtl. etwas körnige Brühe

Das sauber gewaschene Fleisch mit Salz, Lorbeerblatt und aufgeschnittener Zwiebel bei milder Hitze mit reichlich Wasser weich kochen. Fleisch herausnehmen, Kochbrühe passieren, den zerbröckelten Pfefferkuchen darin 15 Minuten kochen. Mehl mit etwas kalter Brühe glattrühren, zur Suppe geben, mitkochen. Dann alles nochmals passieren, Essig, Zucker, eventuell etwas körnige Brühe und das Pflaumenmus zugeben. Das Fleisch in der Sauce servieren.

Ochsenzunge mit Rosinensauce

1 Ochsenzunge
1 Bund Suppengrün
1 Zwiebel
Salz
Pfefferkörner
Rosinensauce (siehe nächstes Rezept)

Mit den Gewürzen die gut gewaschene Ochsenzunge in 1½—2 l Wasser weich kochen, kurz mit kaltem Wasser überlaufen lassen, abziehen. Mit der Kochbrühe die Rosinensauce wie angegeben zubereiten und darin die in Scheiben geschnittene Zunge einige Minuten liegen lassen.

Rosinensauce

Man verwendet dafür die Kochbrühe von Fleisch (Rind- oder Schweinefleisch) oder Wasser mit Bouillonwürfel.

½—¾ l Brühe oder Bouillon
40 g Butter
2 EL Mehl
3 EL Tomatenmark
Salz
Pfeffer
1—2 EL Weinessig
1 EL Zucker
100—150 g Rosinen

Die möglichst schon vorher eingeweichten Rosinen mit wenig Wasser weich kochen. Im heißen Fett das Mehl mittel bräunen, mit Bouillon ablöschen, 15—20 Minuten kochen, Tomatenmark und Gewürze zufügen und zuletzt die gesondert weichgekochten Rosinen ebenfalls noch einige Minuten mitkochen lassen.

Thüringer Rippenbraten

4 oder 8 (pro Portion 1 oder 2) Rippchen von einem jungen Schwein
1 EL Kümmel
einige Pfefferkörner
2 Zwiebeln
ein paar Wacholderbeeren
1 EL Mehl
Salz
Pfeffer

Die leicht geklopften Rippchen mit Kümmel einreiben und nebeneinander in die Pfanne legen, in die man etwas Wasser gegossen hat. Kein Fett zugeben, wir dämpfen die Rippchen langsam im eigenen Fett und fügen noch Pfefferkörner, kleingeschnittene Zwiebeln und, wenn man mag, die zum Originalrezept gehörenden Wacholderbeeren zu. Für die Sauce gibt man in den Bratenfond das Mehl, verrührt es und fügt etwas heißes Wasser zu. Mit Salz und Pfeffer abschmecken. Dazu gehören natürlich Thüringer Klöße, Sauerkraut oder auch Rotkohl.

Schweine-Sauerfleisch

(Abb. S. 160)

1 kg Schweinefleisch von Nacken, Brust oder Bauch
1 Bund Suppengrün
Lorbeerblatt
Salz
Pfeffer
1—3 EL Weinessig
1 Prise Zucker
1—2 EL Mehl

Das Fleisch kalt aufsetzen, abschäumen, dann erst das Gemüse und die Gewürze zufügen, langsam weich kochen. Für die Sauce zuletzt etwas Brühe mit dem Mehl glattrühren, aufkochen, pikant abschmecken. Klöße und Sauerkraut dazu.

Rotkrautwickel mit Wildfleisch

8 schöne Rotkohlblätter
ca. 750 g Reste von beliebigem Wild- oder Wildgeflügelfleisch
möglichst 250—375 g Steinpilze oder Pfifferlinge
1 Ei
2 EL saure Sahne
4 EL Paniermehl
Salz
wenig Pfeffer
40 g Fett

Zum Kochen der Kohlblätter:
1 EL Weinessig
Salz
1 Prise Zucker
½ Zwiebel
1 Nelke

Mit den Gewürzen und nur so viel Wasser, daß sie gerade bedeckt sind, die Rotkohlblätter halbweich kochen. Die Fleischreste mit den gesondert geschmorten Pilzen durch die Maschine geben, mit Paniermehl, Ei und Gewürzen vermischen. Auf jedes Kohlblatt etwas von der Masse geben, die Blätter rechts und links um die Füllung einschlagen, einrollen, zubinden, dem heißen Fett ¼ l Bouillon zufügen und darin die Wickel weich schmoren. Der Sauce zuletzt saure Sahne zufügen und mit etwas Mehl binden. Kartoffelpüree dazu reichen.

Geflügel und Wild finden wir in Thüringen ebenso zubereitet wie in den benachbarten Gebieten, so daß wir sie hier weglassen. Aber ein Gericht soll noch seiner Besonderheit wegen folgen:

Rebhuhn mit Linsen

1 oder 2 Rebhühner
250—375 g Linsen
150 g magerer Speck
50 g Fett
2 Zwiebeln
1—2 EL Mehl
750 g Kartoffeln

Die bratfertig hergerichteten Rebhühner anbraten. Den Speck in feine Würfel schneiden, Zwiebeln sehr klein schneiden, beides hell bräunen, mit Mehl binden, mit Bouillon auffüllen und die vorgeweichten Linsen darin gerade eben zum Kochen bringen, dann die angebratenen Rebhühner — oder das eine Rebhuhn! — in die Suppe geben und alles zusammen bei mäßiger Hitze weich kochen. Die Kartoffeln kann man als Kartoffelpüree gesondert dazu reichen oder, in Würfel geschnitten, ebenfalls in der Suppe weich kochen.

Fischgerichte

sind in Thüringen sehr geschätzt. Aber sie sind nicht so volkstümlich wie in manchen anderen Gebieten. Forellen, Hecht und Karpfen, Heringe und Bücklinge, Stockfisch und manch anderen Fisch finden wir hier — auch dazu werden meistens Klöße gegessen.

Karpfen mit grünen Klößen

1 mittelgroßer Karpfen
1 Bund Suppengrün oder
200 g Suppengemüse
50 g Pfefferkuchen
Petersilienwurzel
1—2 EL Weinessig
Salz
Pfeffer
etwas Zucker
¾ l Bier

Der sauber vorbereitete Fisch wird mit dem Suppengemüse, Gewürz und dem zerbröckelten Pfefferkuchen in Bier gedünstet. Sauce passieren, gut abschmecken und über den auf heißer Platte angerichteten Fisch geben. Dazu Klöße und Salat.

Heringskartoffeln

1 kg Kartoffeln
750 g grüne oder Salzheringe
40 g Butter
3 EL Paniermehl
4 Zwiebeln
½ l saure Sahne
3 Eier
1 Prise Pfeffer
bei grünen Heringen auch noch etwas Salz

Salzheringe über Nacht wässern, Wasser mehrmals erneuern. Die Heringe ausnehmen, entgräten, in Stücke schneiden. Die Kartoffeln mit der Schale kochen und in Scheiben schneiden. Zwiebeln im Fett braun schwitzen. Feuerfeste Form mit Butter und Paniermehl versehen, lagenweise Kartoffelscheiben, Heringe, gebräunte Zwiebeln usw. einschichten, die Eier mit der Sahne und Salz sowie dem Pfeffer verschlagen, übergießen, noch einige Butterflöckchen aufsetzen und im Backofen garen.

Thüringer Klöße

Dafür gibt es natürlich nicht nur ein Rezept. Die eine Hausfrau berichtete mir, daß zur Kartoffelmasse etwas, die andere, daß mehr Grießbrei dazu gehöre, eine dritte wies dies entschieden von sich und meinte, daß die Kartoffeln schier verwendet werden müßten und nur etwas Kartoffelbrei der rohen geriebenen Kartoffelmasse zugefügt werden dürfe.

Thüringer Klöße mit Grieß

1½ kg rohe Kartoffeln
knapp ½ l Milch
40 g Grieß
1 TL Salz
100—130 g Weißbrot
30 g Fett

Die rohen Kartoffeln möglichst mit der Hand in eine Schüssel mit kaltem Wasser reiben, damit sie weiß bleiben. Danach die Masse in ein Säckchen geben und so auspressen, daß die verbleibende Kartoffelmasse nahezu trocken ist. Das Wasser eine Weile stehenlassen — zuletzt das unten abgesetzte Kartoffelmehl in die Schüssel zur trockenen Kartoffelmasse geben, die man mit der Hand in der Schüssel zerteilt. In die kochende Milch den Grieß einrühren, einige Minuten quellen lassen und die kochendheiße Masse über die Kartoffeln gießen, salzen und gründlich mit dem Kochlöffel die Masse schlagen, bis sie ganz gleichmäßig ist. Das in Würfelchen geschnittene Weißbrot in der Butter rösten. In jeden Kloß kommen einige Brotbröckchen. Die Größe der Klöße hängt auch wieder von den häuslichen Gepflogenheiten ab. Manche schätzen sehr große, manche mittlere Klöße. In siedendem Salzwasser gar ziehen lassen.

Thüringer Klöße mit Kartoffelbrei

1½ kg rohe Kartoffeln
etwas Salz
knapp 400 g gekochte Kartoffeln
⅓ l Milch
125 g Weißbrot
40 g Butter
Salz

Die rohen Kartoffeln wie bei Rezept I behandeln. Die gekochten Kartoffeln durchpressen, mit der kochenden Milch vermischen und beides zu den trocken ausgepreßten Kartoffeln geben, sehr gründlich durcharbeiten. Auch hier wird die Kartoffelstärke zur Masse gegeben und in jeden Kloß einige geröstete Brotwürfel gegeben.

Thüringer Klöße mit Wasser

Den wie vorstehend ausgepreßten trockenen Kartoffeln gibt man das Stärkemehl und knapp bis reichlich ¼ l kochendes Wasser und Salz hinzu — Brotbröckchen kommen auch hier in die Mitte.

Thüringer grüne Klöße

1½ kg rohe, ½ kg gekochte Kartoffeln
Salz

Die am Vortag gekochten Kartoffeln werden den geriebenen, gut ausgedrückten rohen Kartoffeln mit Salz untergemischt. Dafür wird die rohe Kartoffelmasse nicht so völlig trocken gepreßt. Man kann, braucht es aber nicht, Semmelstückchen in die Mitte der Klöße tun. Im siedenden Salzwasser ziehen lassen.

Thüringer Watteklöße

1—½ kg gekochte, erkaltete Kartoffeln
200 g Kartoffelmehl
⅜ l Milch
100 g Weißbrot
40 g Butter
etwas Mehl

Bei diesen Klößen kann die genaue Menge der Milch nicht absolut zuverlässig angegeben werden, denn es gibt nasse und trockene Kartoffeln. Bei trockenen Kartoffeln stimmt die Milchmenge, sind die Kartoffeln selbst wasserhaltiger, die Menge verringern oder etwas mehr Kartoffelmehl zufügen.
Die geriebenen, gekochten Kartoffeln mit dem Kartoffelmehl und Salz bestreuen, die kochende Milch darübergießen und rasch verarbeiten. Mittelgroße Klöße formen, in die Mitte geröstete Brotwürfel geben, in Mehl wenden und in siedendem Salzwasser garen. Diese Klöße gehören zum Thüringer Topfbraten.

Klöße mit Sauce

Wenn auch Klöße mit Gans der Thüringer Leibgericht sind, so ist das Fleisch nicht so leicht zu haben wie die Klöße: daher begnügt man sich oft mit Klößen und Sauce: sei es in der Pilzzeit aus frischen oder getrockneten Pilzen, aus Hackfleischsauce oder einer kleinen Menge Fleisch, Fisch oder Geflügel, die mit reichlich Zwiebeln, Tomaten usw. zu einer nahrhaften Beilage aufgewertet wird. Hier ist der häuslichen Fantasie der Hausfrau keine Grenze gesetzt.

Klöße mit Ei

1½ kg rohe Kartoffeln
gut ¼ l Milch
1 Ei
100 g magerer Speck
100 g Weißbrot

Die Kartoffeln schälen, waschen, reiben, mit kaltem Wasser übergossen einen Tag stehenlassen. Anderntags die Masse über einem Tuch abseihen, Kartoffelwasser auffangen, gut auspressen. Das Kartoffelmehl zu den Kartoffeln geben. In der heißen Milch das Ei gut verschlagen, zur Masse geben, ebenso die Speck- und Weißbrotwürfel, die im Speck geröstet wurden, salzen, runde Klöße formen, in siedendem Wasser gar ziehen.
Das Garziehen der Klöße dauert durchschnittlich 20 Minuten, mitunter bei stärkerer Hitze sind sie in 16—18 Minuten gar. Es läßt sich nicht verbindlich sagen, ebensowenig die genaue Milchmenge wie beim vorstehenden Rezept: Es kommt auf die Trockenheit der Kartoffelmasse an. Ist sie sehr trocken, braucht man etwas mehr Milch.

Gebratene Klöße

Übriggebliebene Klöße werden in fingerdicke Scheiben geschnitten, wenn man will, in Mehl gewendet und in heißer Butter gebraten. Gut zu Sauerkraut, Rotkohl, Salatplatte, Bohnen, Fischen.

Schlesien

Das zeichnet die leckere schlesische Küche aus: Sie ist besonders vielseitig! Die Einflüsse aus Böhmen, Polen und Österreich, wo man immer schon gut zu leben verstand, haben sich im Laufe der Jahrhunderte zu der sparsamen Hausmacherkost des schlesischen Berg- und Waldlandes gesellt. Das »Schlesische Himmelreich« ist ebenso slawischer Herkunft wie der Karpfen auf polnische Art, der »Schwärtelbraten« mit Klößen verrät österreichischen Ursprung, und die Hefeklöße sind direkt aus Wien importiert.

Ganz und gar heimisches Erzeugnis sind indessen die schlesischen Beeren- und Kräutertränklein —- die »Kroatzbeere«, aus duftenden Brombeeren destilliert, der »Stonsdorfer«, dessen Namen auf ein Dorf im Riesengebirge zurückgeht. Die niederschlesischen Kräuterschnäpse verdanken übrigens ihre Herkunft und Entwicklung dem Laborantenwesen, einem Überbleibsel aus der Alchimistenzeit. Heute sind es freilich nicht mehr Beeren und Kräuter aus der alten Heimat — aber das Geheimnis jener herrlichen Tränklein haben ihre Hersteller in die neue Heimat mitgenommen.

Die Freude des Schlesiers am guten Essen ist groß. Und deshalb möchten wir an den Anfang eine in schlesischem Dialekt geschriebene Speisekarte aus Breslau setzen:

Äſſen-Zettel

zum Martini in dr Schänke
›zur Roſenburg‹

a Däller Warmiges un was drinne (Julienneſuppe)
Karpen blou, außen Moritzteige, geſotten met Butter
(Karpfen blau mit Butter)
Karpen wie ſe in Polen kochen mit Titſche dra
(Karpfen polniſch)
Aal blau geſotten außen Elbſtrom met Citrone
(Aal mit Butter)
Schlei, außen Teige vun Moritzburg met Butter
(Schleie blau)
Un de annern Fiſche ſchwimme-no in Unzianwaſſer

Nu hun mer äber och vun Federviehzeige

Kle gehockter Miſtfugel met Titſche un Gemengſel dra
(Frikaſſee vom Huhn)
Ee grußes Sticke vun enner jungen Hule
(Gänſebraten mit Rotkohl)
Ee vertel vun änner Miſthuſche met ruthen Kraut
(Entenbraten mit Rotkohl)
Klee gehockter Miſtfugel gebraten
(½ junges Brathuhn)

Vun Wilde

Feldhaſen met ruthen Kraut
Een Fladen Herſchfleeſch met Rahmditſche
(Hirſchkeule mit Sahnenſauce)
Geſalzene Uchſenzunge met gebrochnen Schbargel
(Pökelzunge mit Spargelgemüſe)
Ee Sticke halbgebrotnes Uchſenfleiſch met Schwämmchen
(Lendenbraten mit Pilzen)
Allerlei ſchienes Ubſt in Zuckerbriehe (Kompott)
Kuppſulot - Korkenſulot (Gurkenſalat) - Sellerieſulot

Vun Kase

Kase usen Schwiezerlande met Butter (Schweizerkäse)
Franzusenkase met Butter (Neuchateller mit Butter)
Säckscher Härrschaftskase vun Quark (Kuhkäse mit Butter)

Kaltes Essen hun mer äber och noch

Kafiar vun Fisch us dr Wolga (Astrachaner Kaviar)
Hummer in Aelsuse (Hummermayonnaise)
Ruscher Sulot (Russischer Salat)
Zwee kleene Fischchen in Ael (2 Ölsardinen)

Un viel Vergnügen!

Kuchen un Kaffeė

☆

Dan Äßen-Zettel könntr mitnähme

Das gab's also schon anno dazumal: Speisekarten wurden mitgenommen und gesammelt!
Aus dieser Karte merken wir auch schon sprachliche Unterschiede: Wird in Thüringen und Sachsen sowie Ostpreußen von Schmant gesprochen, wenn es um Rahm und Sahne geht, so haben wir hier den Namen »ditsche«.

gab es bei allen feier- und festtäglichen Essen im Hause des Barons von S.

Austern-Pastetchen

8 fertige Blätterteig-Pastetchen
2—3 EL Krebsbutter oder frische Butter
3 Eigelb
1 EL Zitronensaft
1 Prise Salz und Muskat
100 g Champignons
12 Austern
150 g feingewürfelter Kalbsbraten
2 Eiweiß
1 EL Mehl
Weißwein

Austern vorsichtig auslösen und Austernwasser auffangen. Damit mit Eigelb, Krebsbutter, Zitronensaft und Mehl eine dicke Sauce im heißen Wasserbad rühren, in diese die gesondert gedünsteten Champignons geben, dann das gewürfelte Fleisch. Die Austern in der Sauce heiß werden lassen. Dann die Pastetchen mit der Sauce füllen und obenauf die Austern legen.

Pilz-Pastetchen

8 fertige Blätterteig-Pastetchen
250 g Champignons
125 g gebratenes Kalbfleisch
2 Eigelb
1/8 l Weißwein
1 EL Mehl
etwas körnige Würze
40 g Butter

In der heißen Butter die Pilze dämpfen, Mehl zugeben, mit Weißwein ablöschen, das Eigelb unterrühren, das kleingewürfelte Fleisch untermischen, abschmecken, in die aufgebackenen Pastetchen füllen.

Hühner-Pastetchen

8 fertige Blätterteig-Pastetchen
250 g Reste von gebratenem oder gekochtem Huhn
125 g Champignons
1 Schalotte
60 g Butter
1 EL Mehl
¼ l Weißwein
1 Prise Salz
Pfeffer
körnige Würze
1 EL saure Sahne

Aus 40 g Butter und dem Mehl eine helle Schwitze bereiten, mit Wein ablöschen, würzen. Die Sauce darf nicht zu dünn sein. Die geputzten, gewaschenen und in dünne Scheiben geschnittenen Champignons mit der kleingehackten Schalotte und einer Prise Salz weich dünsten. Die Champignons und das kleingewürfelte Hühnerfleisch in die Sauce geben, eventuell noch mit 1 EL saurer Sahne verfeinern. Die Pastetchen in das vorgeheizte Backrohr stellen und ca. 5 Minuten überbacken, das Ragout in die Pastetchen füllen und die Deckel wieder daraufgeben, noch einmal ca. 5 Minuten überbacken. Mit Zitronenachteln und Worcestersauce zu Tisch geben.

Forellen-Filet mit Meerrettichsahne

Je 1 Forellen-Filet
Meerrettichsahne
Toast

Gekochte Forellen vorsichtig filetieren und in der Rundung lassen. Mit der Meerrettichsahne servieren.

Meerrettichsahne

4 EL geriebener Meerrettich aus der Dose oder die entsprechende Menge frisch gerieben
1 knapper EL Zucker
1 TL Weinessig
2 EL süße Sahne
¼ l steifgeschlagene Sahne

Den Meerrettich mit Weinessig, Zucker und Sahne mischen. Erst unmittelbar vor dem Servieren die steifgeschlagene Sahne untermischen.

Suppen

Bouillon mit Ei

Bouillon aus 1 kg Rindfleisch und ½ Suppenhuhn
Suppengrün
wenig Salz
je Portion 1 Eigelb
etwas Schnittlauch

Bouillon mit Ei gab es nicht nur mittags, sondern auch mit Königin-Pastetchen als kleine Zwischenmahlzeit.

Man achtet sehr auf die Qualität der Bouillon und serviert das Eigelb gesondert, so daß man es in die Bouillon selbst einlaufen lassen kann. Das Fleisch wird richtig ausgekocht, 2—3 Stunden lang, und dann meist zu Haschee verwendet.

Braune Rindfleischsuppe

1 l gute Bouillon
40 g Speck
40 g Schinken
3 EL kleingeschnittenes Suppengemüse

Das kleingeschnittene Gemüse, Speck und Schinken 20 Minuten im Topf bräunen, dann zur Bouillon gießen. Mit Grießklößchen servieren.

Selleriesuppe auf schlesische Art

1 Sellerieknolle
1 Stange Porree
1 Stück Petersilienwurzel
1 EL Mehl
30 g Butter
1 TL Fleischextrakt oder 1 Brühwürfel
etwas Salz
1 l Wasser

Die sehr gründlich gewaschene Sellerieknolle wird im ganzen, das übrige Gemüse nach einer halben Stunde zerkleinert im gleichen gesalzenen Wasser gar gekocht. Butter und Mehl dann anschwitzen, mit heißer Kochbrühe ablöschen, mit Fleischextrakt abschmecken und die Suppe mit Porree und Petersilienwurzel servieren.

Sauerampfersuppe mit verlorenem Ei

Der Sauerampfer gehört zu den gesündesten Kräutern. Nehmen Sie nur die zarten Blätter.

Ungefähr 2 Hände voll Sauerampferblätter
50 g Butter
1 EL Mehl
1 l Bouillon
2 EL Essig
⅛ l saure Ditsche (Sahne)
etwas Muskat
2 Eigelb
4 Scheiben Toast
4 Eier

In der heißen Butter das Mehl gelblich anschwitzen, die sehr gründlich gewaschenen und kleingehackten Sauerampferblätter ebenfalls anschwitzen, dann mit der Bouillon oder heißem Wasser und Bouillonwürfel 15 Minuten kochen. Die Suppe mit Muskat würzen, mit Sahne und Eigelb legieren. Weißbrot rösten, in Dreiecke schneiden. In niederem breitem Topf ¾ l Wasser und 2 EL Essig kochend erhitzen, vorsichtig 1 Ei nach dem andern einlaufen lassen, vorsichtig das Eiweiß um das Eigelb runden, damit es nicht zu stark verläuft, nach 6 Minuten herausnehmen, auf der Suppe anrichten.

Kerbelsuppe (Kräutelsuppe)

Zutaten wie im vorhergehenden Rezept; anstelle des Sauerampfers 150 g Kerbel nehmen und auf die gleiche Weise zubereiten.

Schlesische Kalbskopfsuppe

½ Kalbskopf
40 g Butter
40 g Mehl
2 EL Weinessig
2 EL Zucker
2 Eigelb
50 g Weißbrot
zum Rösten noch
30 g Butter

Den gesäuberten und gewässerten Kalbskopf in Salzwasser weich kochen. Mehl in der Butter gelb schwitzen, mit der Kochbrühe — ca. 1 Liter — auffüllen, mit Essig und Zucker abschmecken, mit Eigelb legieren. Das in kleine Würfel geschnittene Weißbrot in heißer Butter rösten, über die Suppe geben.

Schlesische Sauerkrautsuppe

1—1½ l Bouillon
40 g Butter
2 EL Mehl
300 g frisches Sauerkraut
1 Prise Pfeffer
⅛ l saure Sahne
wenn vorhanden, noch
300 g gekochtes Rindfleisch

Butter und Mehl hell anschwitzen, mit Bouillon ablöschen, das rohe Sauerkraut locker einlegen, Bouillon aufgießen, 15 Minuten bei milder Hitze kochen und dann mit der sauren Sahne verrühren. Falls gekochtes Fleisch vorhanden ist, schneidet man es in kleine Würfel und gibt es in die Suppe.

Schlesische braune Suppe

1 kg Knochenreste von Wild, Hase usw., woran noch ungefähr 250 g Fleisch sein soll
100 g Weißbrot
30 g Butter
2 Eier
Salz
Pfeffer
1 Hauch Muskat
reichlich Suppengemüse

Fleischreste von den Knochen lösen, dann klein hacken, mit zerkleinertem Gemüse in heißer Butter mit einer feingeschnittenen Zwiebel mittel bräunen, 3 EL Mehl überstäuben und ebenfalls bräunen, dann Wasser, evtl. noch frische Saucenreste zugießen und die Suppe mindestens 1½ Stunden kochen lassen. Dann durchs Haarsieb gießen.
Das eingeweichte und ausgedrückte Weißbrot hat man inzwischen mit dem feingewiegten Fleisch, eventuell noch etwas Schinken oder Speck, Butter, Eiern, Salz und Pfeffer vermischt. Wenn nötig, gibt man noch 1—2 EL Paniermehl zu, formt kleine Klößchen, die man in der Suppe gar ziehen läßt.

Schlesische Kartoffelsuppe

1 kg Kartoffeln und gut 300 g Suppengemüse
2—3 Zwiebeln
150 g Speck
1 Prise Salz
2 EL gewiegte Petersilie
100 g Weißbrot
1 TL körnige Brühe und so viel Knoblauchwurst, wie man mag

Kartoffeln und Gemüse waschen, klein schneiden, in mit körniger Würze abgeschmecktem Wasser weich kochen, leicht durchstampfen. Speck und Zwiebeln in kleine Würfel schneiden, bräunen, zur Suppe geben, mit einer Prise Salz abschmecken, Petersilie und geröstete Weißbrotwürfel darüberstreuen und etliche Scheiben Knoblauchwurst.

Sauersuppe auf oberschlesische Art

Ca. 100 g Sauerteig vom Bäcker oder 20 g Hefe
10 g Weizenmehl und
100 g Roggenmehl
Salz
½ l Wasser
2 Zwiebeln
150 g Speck
250 g gemischte Pilze
nochmals 1 feingewiegte Zwiebel und 50 g Speck
400 g Knoblauchwurst

Entweder den Sauerteig mit dem Roggenmehl und ½ l Wasser glattrühren, zudecken und an eine warme Stelle zum Gären stellen. Oder in lauwarmem Wasser die zerbröckelte Hefe mit etwas Mehl glattrühren, gehen lassen, dann mit Mehl und Wasser glattrühren und ebenfalls ca. 3 Stunden gären lassen.
Dann Speck und Zwiebeln klein schneiden, Pilze putzen und waschen. Die ersteren zusammen im Topf leicht bräunen, die Pilze zugeben, 10 Minuten dünsten, dann 1½ l Wasser zugießen, 5 Minuten kochen, bei ständigem Rühren möglichst mit einem Schneebesen den Teig einrühren und 15 Minuten kochen. Inzwischen den weiteren Speck mit den Zwiebeln bräunen und zur Suppe gießen. Obenauf Scheiben von Knoblauchwurst.

Tomatensuppe gesüßt

50 g Butter
5 enthäutete, entkernte Tomaten oder ein Döschen Tomatenmark
2 altbackene Semmeln
1 l Wasser
1 TL körnige Brühe
1 Gläschen Weißwein
1 EL Zucker
1 Prise Salz

In der Butter die kleingeschnittenen Tomaten oder das Tomatenmark einige Minuten dämpfen, mit gekörnter Brühe und heißem Wasser übergießen, die altbackenen, klein zerbröckelten Brötchen zur Suppe geben und alles 20 Minuten kochen, dann mit Wein, Zucker und einer Prise Salz abschmecken.

Frucht- und Milchsuppen wurden besonders geschätzt. Der Beerenreichtum des Landes verlockte zum Sammeln, was vor allem den Kindern Spaß machte, denn es wanderte durchaus nicht alles ins Töpfchen ... Überall wurden in der Beerenzeit Heidel- und andere Beeren von Kindern für ein paar Pfennige verkauft.

Schlesische Hagebuttensuppe

250 g frisch gesammelte Hagebutten
50 g Butter
2 EL Mehl
1 Msp Salz
1 EL Zucker
100 g Weißbrot

Zum Rösten:
50 g Butter

Hagebutten von Stiel und Blüte lösen, auskernen, waschen, mit 1 l Wasser aufsetzen und ca. 25 Minuten kochen, durchpassieren. Das Mehl in der Butter ziemlich dunkel bräunen, mit etwas Wasser glattrühren, dann zu den Hagebutten geben, beides nochmals aufkochen, mit Salz und Zucker abschmecken. Wer es noch feiner haben will, gibt einen Schuß Rotwein hinzu, vor allem dann, wenn die Hagebuttensuppe nicht vor einem Butterbrot, sondern als Auftakt eines festlichen Ernteessens, im Herbst, gegeben wird: Da folgt nach der Hagebuttensuppe das Rebhuhn mit Rotkraut und Preiselbeeren.

Biersuppe mit Rosinen

125 g Rosinen
125 g Weißbrot
1 EL Zucker
1 Eigelb
½ TL Zimt
1 EL Mehl
1 l Bier

Mit so viel Wasser, daß sie knapp bedeckt sind, Rosinen und kleingeschnittenes Weißbrot 10 Minuten verkochen, dann Zucker, das mit Wasser oder Bier verrührte Mehl und das Bier zugeben, gerade eben aufkochen, mit Zimt und Zucker abschmecken, mit dem Eigelb, es dürfen auch zwei sein, legieren.

Schlesische Zwiebacksuppe

100 g Zwieback
abgeriebene Schale von
½ ungespritzten Zitrone
¼ Stange Zimt oder
½ TL Zimtpulver
40 g Butter

2 EL Zucker
¼ l Weißwein
⅛ l süße Sahne
2 Eigelb
1 Prise Salz

Butter, Zwieback, Zitronenschale und 1 Prise Salz in ½ l Wasser 3 Minuten kochen. Durchpassieren, mit Wein, Sahne und Zucker glattrühren, nach Wunsch noch die beiden Eigelb zufügen.

Leckere Braten und gekochtes Fleisch

Rindfleisch in Brühe

gab es mindestens einmal in der Woche in Stadt und Land — die Zubereitung erinnert an die Wiener Küche:

1 kg durchwachsenes Rindfleisch
mindestens ¼ Sellerie, Porree, Möhre, Zwiebel, Petersilienwurzel und dann noch Petersilie zum Bestreuen

Einlagen:
Reis
Graupen
Teigwaren

Zum Fleisch:
Schnittlauch-, Dill-, Rosinensauce, Senf-, Kapern- oder Krensauce

Da das Fleisch nicht ausgelaugt werden darf, gibt man es ins heiße Wasser, kocht es aber 2 Stunden lang mit den Gemüsen, die man nach ca. 1½ Stunden zugibt, damit sie ebenfalls nicht zu sehr verkochen. Zuletzt die gewählte Einlage mitkochen oder gesondert abkochen und dann zugeben.
Die Suppe wird mit Gemüse und Einlagen gegessen, das Rindfleisch kommt als zweiter Gang mit einer der leckeren Saucen. Dabei schätzt man die Schnittlauch-, Rosinen- und Krensauce besonders, genau wie in Österreich!

Rindfleisch mit Liegnitzer Gurken

1 kg Rindfleisch und Suppengemüse wie im vorstehenden Rezept
750 g Kartoffeln
2—4 Salzgurken (aus Liegnitz!)

Das Fleisch wie im vorstehenden Rezept aufsetzen und mit den Gemüsen kochen. In Scheiben geschnitten, mit Schnittlauch bestreut in etwas Brühe auf einer Platte servieren. Die Kartoffeln ebenfalls in Bouillon — gesondert — weich kochen, salzen und mit einem Hauch Muskat würzen. Die Liegnitzer Salzgurken in Scheiben geschnitten und hübsch angerichtet dazu reichen.

Kalbskeule auf Schloßherrenart

Eine Kalbskeule wiegt ungefähr 9 kg. Normalerweise wird sie zerlegt gebraten und als Schnitzel, Haxe, große und kleine Nuß oder Ragout verwendet. Nicht so, wenn in Schlesien frisch geschlachtet und zum Sonntagsessen Gäste erwartet wurden. Dann wurde die Kalbskeule im ganzen gebraten. Das gibt uns eine Vorstellung, wie groß die Herde, Pfannen und Bratreinen gewesen sind! Die Keule wurde allseitig eingesalzen, 1 kg Suppengemüse kleingeschnitten und im Topf gebräunt, dann in die Bratreine gestreut, die Keule eingelegt, mit zerlassener Butter übergossen und langsam bei mäßiger Hitze und öfterem Übergießen gebraten. Das dauerte 3—4 Stunden.

Kalbskeulenbraten

1½-kg-Stück von der Kalbskeule
100 g Speck
80 g Butter
Salz
etwas Pfeffer
⅛ l süße Sahne

Nachdem wir nicht nur in der Erinnerung oder neidvoller Betrachtung schwelgen, sondern auch selbst einen Braten aus einem Keulenstück zubereiten möchten, folgt also dieses Rezept: Das Fleisch allseitig leicht einsalzen, den feingeschnittenen Speck in den Bratentopf geben, darauf das Fleisch legen, mit der zerlassenen Butter übergießen und nun im mittelheißen Backofen ungefähr 1¼ bis 1½ Stunden braten. Nicht wenden, aber öfters begießen. Den Bratenfond mit der Sahne glattrühren.

Kalbfleischauflauf auf Gutsherrenart

Von einer gebratenen Kalbskeule bleiben auch bei reichlich Appetit meist doch noch ansehnliche Reste übrig. Man kann dann das Fleisch mit einer neuen Sauce in Scheiben geschnitten servieren — aber delikater ist dieser Vorschlag:

750 g Kalbsbraten
2 Eier
Salz
Pfeffer
250 g Pilze
50 g Butter
1 EL Mehl
⅛ l saure Sahne
50 g geriebener Käse
1 Blumenkohl
Petersilie

Zuerst den Blumenkohl gut gewaschen in leicht gesalzenem Wasser nicht zu weich kochen. Das Fleisch in feine Streifchen oder Würfel schneiden. In der Butter die Pilze weich dämpfen, Mehl darüberstreuen, mit Blumenkohlwasser glattrühren, Sahne und Eigelb untermengen und zuletzt den steif geschlagenen Eischnee. In eine gut gebutterte Form nun zuerst den in Röschen zerpflückten Blumenkohl und das Fleisch nett angeordnet einlegen, die sehr delikate Sauce darübergießen und zuletzt mit geriebenem Käse und Butterflöckchen bestreuen. Im Ofen nur leicht bräunen — 15 Minuten. Mit Salaten servieren.

Kalbsnuß, gefüllt

1 Kalbsnuß
4 Eier
4 EL süße Sahne
1 Prise Salz und Muskatnuß
50 g Champignons
50 g Schinken
150 g Speck in Scheiben geschnitten
60 g Butter
¼ l Bouillon
1 EL Zitronensaft
1 TL Maizena
1 EL Portwein

Das ist eine vortreffliche Art, Abwechslung in Kalbfleischgerichte zu bringen: Das Fleisch häuten und gut klopfen. Eier mit der Sahne, Salz und Muskat verrühren, in der Pfanne mit etwas Butter leicht stocken lassen, mit den Champignons und dem Schinken vermischen und damit die Oberfläche des geklopften Fleisches bestreichen. Einrollen, den dünn in Scheiben geschnittenen Speck umlegen und festbinden. In Butter anbraten, dann im Backofen in ca. 35 Minuten fertigbraten. Fond mit Bouillon, Maizena, Zitronensaft und Portwein abrunden. Dazu Teigwaren oder neue kleine Kartoffeln, die man in Butter schwenkt und mit Petersilie bestreut.

Schweinebraten mit Klößen und Sauerkohl

ist auch in Schlesien eines der beliebtesten und meistgeschätzten Gerichte. In Bielitz, das vormals zu Österreich gehörte, nannte man die deutschen Tuchmacherfamilien, die den Schweinebraten so sehr schätzten, die »Schwartlige«. Natürlich waren die Klöße aus Kartoffeln.

1 kg Schweineschinken mit Schwarte
1 Zwiebel
1 Möhre
Reste von geräuchertem Speck
1 EL Stärkemehl

500 g Sauerkohl (Sauerkraut)
2 Äpfel
2 Zwiebeln
50 g Fett vom Schweinebraten

Das Fleisch mit der Schwarte 10 Minuten in heißes Wasser geben und danach die Schwarte in Quadrate oder Rauten einschneiden, allseitig salzen und pfeffern und mit fingerhoch Wasser im Bratentopf in den Ofen schieben. Öfters begießen und eine aufgeschnittene Zwiebel, Möhre und Speckreste mitbraten. Zuletzt Gemüse und Speckreste herausnehmen, Stärkemehl mit Wasser glattrühren, zum Bratenfond geben, mit Salz und Pfeffer die Sauce pikant abschmecken. Sauerkraut mit Äpfelspalten und kleingeschnittenen Zwiebeln sowie Bratenfett und heißem Wasser aufsetzen, 20 Minuten kochen.

Schweinebauch mit Birnen und Semmelklößen

1 kg Schweinebauch
1 kg Kochbirnen
1 Zwiebel
1 Stück Sellerie
Wacholderbeeren
Senf-, Fenchel- und Pfefferkörner
3 EL Zucker
etwas Zitronenschale
1 EL Stärkemehl

Für die Semmelklöße:
10 Semmeln
3/8 l Milch
2 Eier
1 Zwiebel
30 g Butter
Salz
Muskat

Die in Scheiben geschnittenen Semmeln mit der kochenden Milch übergießen und stehenlassen.
Den Schweinebauch mit Lorbeerblatt, Zwiebel, Gewürzkörnern weich kochen. Ferner die geschälten, halbierten, vom Kernhaus gelösten Birnen in Zuckerwasser mit Zitronenschale weich kochen. Nur so viel Wasser, daß sie gerade bedeckt sind. Kochbrühe mit angerührtem Stärkemehl binden.
Nun zu den eingeweichten Semmeln die kleingeschnittene, in Butter hell gebräunte Zwiebel, Salz, Muskat und Eier geben und einen festen Teig kneten, davon Klöße formen, in Salzwasser gar ziehen lassen.
Alles zusammen auf einer großen Platte anrichten.

Schlesischer Schwärtelbraten

1½ kg Schweineschinken von einem jungen Schwein, ohne Haxe
1 Zwiebel
1 EL Stärkemehl bzw. Mondamin
Salz
Pfeffer
Muskat

Fleisch 10 Minuten in heißes Wasser legen, damit man die Schwarte gut einschneiden kann. Mit scharfem Messer quadratisch einschneiden, salzen, mit ¼ l Wasser im Ofen braten, häufig begießen. Neben das Fleisch die kleingeschnittene Zwiebel geben. Zum Schluß die Sauce entfetten, mit Kartoffelmehl binden.

Oberschlesischer Bigosch

500 g nicht zu fetter frischer Schweinebauch
100 g geräucherter Speck
500 g Sauerkraut
750 g Kartoffeln
Salz
Pfeffer
etwas körnige Brühe zum Abschmecken

Speck und Fleisch in Würfel schneiden und im Bratentopf hell bräunen. Salz, Pfeffer und etwas körnige Brühe und so viel Wasser zugeben, daß alles bedeckt ist. Nach ½ Stunde das Sauerkraut locker daraufgeben, noch Wasser zugeben und weitere 20 Minuten kochen. Inzwischen die roh geschälten, in Scheiben geschnittenen Kartoffeln gesondert in Salzwasser oder Bouillon — Wasser mit Bouillonwürfel — weich kochen, zuletzt alles gut verrühren.

Bigosch nach Art von Bielitz

Dafür nimmt man je 250 g Rind-, Kalb- und Schweinefleisch. Weitere Zutaten wie vorstehendes Rezept.

Kalbskopf auf schlesische Art

Das Fleisch des gekochten Kalbskopfes (s. schlesische Kalbskopfsuppe) in Stücke schneiden, in Butter auf beiden Seiten leicht bräunen, mit Salzkartoffeln und Gewürzgurken servieren.

Kalbshirn auf schlesische Art

Hirn sorgfältig wässern, enthäuten, in Scheiben schneiden, salzen, pfeffern, in zerklopftem Ei und Paniermehl wenden, in Butter bräunen — mit Kartoffelsalat und grünem Salat servieren.

Schlesisches Himmelreich

500—750 g Rauchfleisch
je 250 g getrocknete Pflaumen, Birnen, Äpfel
1 EL Mehl
3 EL Zucker
1 EL Zitronensaft
Salz

Dafür verwendet man natürlich selbstgeräuchertes Fleisch und ebenso die im Herbst selbstgetrockneten Früchte. Wer getrocknete Apfelringe verwenden würde, riefe die

Empörung schlesischer Hausfrauen hervor; denn die selbstgetrockneten Äpfel werden nicht geschält, sondern als dünne Spalten aufgeteilt, bei denen nur das Kernhaus weggeschnitten wird. (Sie können die Zutaten allerdings auch in aller Heimlichkeit fertig kaufen ...)
Zuerst setzen wir das Rauchfleisch auf und weichen das Dörrobst ein. Nach ¾ Stunde geben wir es zum Rauchfleisch und kochen es bei sehr linder Hitze gar. Das Mehl mit etwas Wasser anrühren, zugeben, mit noch etwas Salz, Zucker, Zitronensaft abschmecken.
Dazu gibt es Klöße: entweder die gefüllten Kartoffelklöße oder Semmelklöße, wie auf Seite 92 angegeben.

Der Schlesier sagt, daß, wer »sein Himmelreich« nicht kennt, umsonst gelebt hat!

Fisch

Häckerle

(als Brotaufstrich oder zu Pellkartoffeln)

2 Salzheringe — *100 g geräucherter Speck*
2 Zwiebeln — *100 g Butter*

Heringe über Nacht wässern, ausnehmen, entgräten, waschen, mit den Zwiebeln und dem Speck in den Mixer geben, mit der geschmeidigen Butter verrühren und zu Brot oder Pellkartoffeln reichen.

Polnischer Karpfen

wanderte von den östlichen Gebieten immer weiter westlich — dafür bringen wir noch Rezepte, bitte schauen Sie die Fischrezepte im alphabetischen Register nach. In Oberschlesien gab man zur Sauce gern noch Nüsse und Mandeln oder auch Mandeln und Rosinen. Dazu gehörten nun in Schlesien keine Klöße, sondern Salzkartoffeln.

Kalter Karpfen mit Sauce

1 mittelgroßer Karpfen
¼ l Bier
Petersilie
Estragon
70 g Butter
reichlich Remoulade
4 Eier

Den vorbereiteten Karpfen mit Bier, Butter, Gewürzen unter häufigem Begießen weich kochen. Sobald er ausgekühlt ist, auf eine Platte legen, die Eier hart kochen, schälen, in Scheiben schneiden, damit den Fisch umlegen und Remoulade dazu reichen.

Weihnachtsstollen I und Schlesischer Mohnstollen
(Rezepte S. 42 und 102) ▷

Breslauer Kartoffelsalat

1 kg Kartoffeln
¼ l heiße Bouillon
Salz
Pfeffer
Essig
Öl
1 Zwiebel

Die noch heißen Pellkartoffeln in die Sauce aus den oben angegebenen Zutaten schneiden, gut mit der Sauce mischen, zugedeckt stehenlassen.

Dicke Kartoffeln

1 kg Kartoffeln
⅜ l Milch
2 Zwiebeln
100 g Speck

Die noch heißen Pellkartoffeln schälen, mit der heißen Milch mischen, grob stampfen, Speck und Zwiebeln in der Pfanne bräunen, zu den Kartoffeln geben, gut durchrühren.

Leinöl mit Quark

Lein wurde in Schlesien viel angebaut — nicht nur für die Leinen-Industrie, sondern auch für die Gewinnung des Leinöls. Es ist so gesund wie kaum ein anderes Öl. In berühmten Kliniken wird ganz selbstverständlich der Quark mit Leinöl versetzt, weil dadurch dem Patienten wichtigste Aufbaustoffe zugeführt werden — ohne daß er es schmeckt. Leinöl muß frisch sein.

◁ *Bollenfleisch* (Rezept S. 110)

In Schlesien machte man es gern so, daß man den Quark mit Milch verrührte, mit feingewiegter Zwiebel, Schnittlauch, Salz würzte und das Leinöl gesondert zu den Pellkartoffeln reichte. Besser erscheint es mir, den Quark gleich so zu mischen:

250 g Quark
2 sehr feingeriebene Zwiebeln
1 Hauch Knoblauchpulver
1—3 EL Leinöl
Salz
⅛—¼ l Milch

Quark durchpassieren, mit allen Zutaten glattrühren.

Schlesische Klöße

Schlesische gefüllte Klöße

1 kg Kartoffeln
3 EL Mehl
2—3 EL Grieß
Salz
Muskat
60 g Weißbrot
30 g Butter

Die am Vortag gekochten Pellkartoffeln durchpressen, mit Salz, Mehl, Grieß zu einer gut formbaren Masse arbeiten. Weißbrot würfeln und in der Butter rösten. Nun mit Eßlöffeln Klöße abstechen, in die Mitte Brotwürfel geben und rund formen. In siedendem Salzwasser gar ziehen lassen.

Schlesische Kümmelklöße

Zutaten wie zu Semmelklößen (siehe Seite 92)
sowie 1 TL Kümmel

Zubereitung wie für Semmelköße. Diese Klöße werden gern zu Rind- oder auch Hammelfleischgerichten gegessen.

Schälklöße

500 g Mehl
3—4 Eier
Salz
100 g Butter
einige EL Paniermehl
Bouillon
Suppengrün

Mehl, Salz, Eier mit so viel Wasser verkneten, daß ein fester Nudelteig entsteht. Eine halbe Stunde liegenlassen, dann dünn ausrollen, mit der zerlassenen Butter und dem Paniermehl bestreuen, einrollen und in schräge Vierecke schneiden. In einer Bouillon, Hammelfleisch- oder Schweinefleischbrühe mit Suppengrün kochen.

Mohnklöße und andere süße Sachen

Mohnklöße I

(eine delikate Nachspeise, keine echten Klöße)

250 g Mohn
125 g Zucker
1 l Milch
100 g Korinthen
abgeriebene Schale von ½ Zitrone
100 g süße und ein paar bittere Mandeln
1 Päckchen Vanillezucker oder etwas Zimt
8 altbackene Semmeln

Mohn mahlen, mit dem Zucker gut verrühren, in die kochende Milch gießen, Zitronenschale, Korinthen und die geriebenen Mandeln sowie Vanillezucker oder Zimt zugeben und 5 Minuten unter Rühren kochen. In eine gebutterte Form eine Schicht Semmelscheiben legen, den Mohnbrei daraufstreichen, wieder Semmelscheiben, wieder Mohn, bis man mit dem Rest des Mohnbreis oben abschließt. Erkaltet servieren.

Mohnklöße II

Zutaten wie vorstehend

Die Semmelscheiben werden mit der Hälfte der Milch, die gezuckert wurde, getränkt — die restlichen Zutaten mit ½ l Milch aufgekocht. Mit Glühwein servieren.

Mohnklöße III

Man verwendet Sultaninen statt Korinthen und 250 g breite Nudeln anstatt der Semmeln.
Die Teigwaren müssen knapp gar gekocht werden, sie sollen nicht zu weich sein.

Mohnstriezel

Hefeteig I oder II (siehe Seite 37 oder 38)
250 g Mohn
125 g Zucker
125 g Rosinen
50 g Mandeln
knapp $^3/_8$ l Milch

Die Zutaten zur Füllung gut miteinander verarbeiten — siehe Mohnklöße I — auf den ausgerollten Hefeteig streichen, den Teig zusammenrollen, mit verquirltem Ei bestreichen und backen.
Der Striezel wird um so besser, je dünner der Teig ausgerollt ist, je mehr Schichten also der Striezel hat.

Schlesische Mohnpielen

Zutaten wie Mohnklöße I

Die Zutaten werden nicht geschichtet, sondern miteinander vermischt. Die Semmeln werden dafür in feinere Scheiben geschnitten. In eine flache Form füllen, oben glattstreichen, gestürzt servieren und tortenförmige Stükke abschneiden.

Schlesischer Mohnstollen

(Abb. S. 96)

Zutaten wie zu Dresdner Stollen (siehe Rezept Seite 42) ohne Rosinen und Zitronat, dafür mit 500 g gemahlenem Mohn

Teig ausrollen, Masse aus Mohn, Zucker, Zimt, Korinthen, Zitronenschale und 50 g zerlassener Butter gut verarbeiten, den Teig damit bestreichen, zusammenrollen, zu Stollen formen und nach nochmaligem Gehen im mittelheißen Ofen backen.

Hefeklöße mit Pflaumensauce

Diese Hefeklöße sind eigentlich Dampfnudeln, wie sie der Bayer oder Österreicher kennt. Die Güte dieser Klöße hängt davon ab, daß der Teig mit Ausdauer eine halbe Stunde geschlagen oder doppelt so lange wie anderer Hefeteig in der Maschine gerührt wird. Versuchen Sie's — es stimmt. Sie werden dann herrlich luftig und locker.

1 kg Mehl
½ l Milch
3 Eier
125 g Butter
30—40 g Hefe
2—3 EL Zucker
40 g Butter
einige EL Milch

500 g Mehl mit der lauwarmen Milch, der zerbröckelten, aufgelösten Hefe, Eiern und Salz verrühren, zudecken und 20 Minuten gehen lassen. Dann den Rest des Mehls, die zerlassene, kühle Butter und den Zucker zufügen und so lange schlagen, bis sich die Masse vom Topf bzw. der Schüssel löst und dann noch 10 Minuten. Wieder zudecken und gehen lassen. Jetzt den Teig zum drittenmal

durcharbeiten, etwas ausrollen, in gleichmäßige Stücke aufteilen und diese zu runden Klößen formen. Auf bemehltem Brett zugedeckt gehen lassen, dann nebeneinander in den mit der zerlassenen Butter und den paar EL Mehl bedeckten Topf einlegen und darin zugedeckt ungefähr 10 Minuten kochen. Am besten eine Asbestplatte unter den Topf legen, damit die Klöße nicht anbrennen.

Pflaumensauce

500 g frische oder 250 g getrocknete, entsteinte Pflaumen
3 EL Zucker
1 EL Stärkemehl, z. B. Mondamin
1 Msp Zimt
Butter

Die Pflaumen ohne Zuckerzusatz 30 Minuten kochen, dann Zucker, das angerührte Stärkemehl und Zimt zufügen, aufkochen, ein Stückchen Butter unterrühren — fertig.

Schlesische Plinsen

200 g Mehl
5 Eier
Salz
Milch
¼ l süße Sahne
1 Päckchen Vanillezucker
2 EL Zucker
40 g Butter
Butterschmalz

Mehl, Salz, Eier und Milch zu dünnem Pfannkuchenteig rühren und in einer Pfanne von ca. 25 cm Ø sehr dünne Pfannkuchen backen. Nach dem Herausnehmen jeden Pfannkuchen gleich mit der Creme aus Sahne, Zucker und Vanillezucker bestreichen, alle Pfannkuchen aufeinanderschichten, zuckern und braune Butter darüberträufeln.

Schlesische Quarkklöße

150 g Butter
4 Eier
125 g Zucker
500 g Quark
500 g Mehl
40 g Hefe
Milch

Für die Füllung:
125 g Sultaninen
100 g gehackte Haselnüsse
3—4 Äpfel
50 g Butter
Zimtzucker

Butter schaumig rühren, ein Ei und 1 EL Zucker nach dem andern zurühren. Quark durchstreichen, mit Mehl, in lauer Milch aufgelöster Hefe und weiterer Milch verrühren, zur ersten Masse geben und nun schlagen, bis sich der Teig von der Schüssel löst — oder 10 Minuten in der Küchenmaschine rühren. Gehen lassen, dann ausrollen und mit Weinglas runde Scheiben ausstechen. Die Hälfte der Scheiben mit Apfelspalten, Sultaninen, gehackten Nüssen belegen, ein zweites Stück daraufdrükken, die Ränder mit verrührtem Ei bestreichen und zugedeckt nochmals gehen lassen. Dann in einem weiten Topf Salzwasser aufkochen, die Klöße nebeneinander einlegen und gar ziehen. Auf heißer Platte anrichten, mit zerlassener Butter, Zimtzucker, Kompott servieren.

Der Streuselkuchen

(auch Brünkelkuchen genannt)

ist schlechthin der Nationalkuchen Schlesiens. Er wird überall gebacken, je nachdem, was man hat und verwenden kann. Will man den Streuselkuchen sehr lecker haben, nimmt man weniger Teig und eine doppelt so dicke Schicht Streusel, wie im Rezept Seite 39 beschrieben ist.

Reis Trautmannsdorff

250 g Reis
1½ l Milch
1 Prise Salz
Zitronenschale
400 g kurz gedünstete Früchte: Kirschen, Erdbeeren, Birnen, Aprikosen, kleingeschnitten, mit Maraschino beträufelt

Reis in der Milch mit Zucker nach Belieben und Zitronenschale sowie 1 Prise Salz kochen, mit den marinierten Früchten vermischen und in Puddingformen füllen. Erkaltet stürzen, mit Früchten und Schlagsahne verzieren oder nur mit Fruchtsaft servieren.

Berlin und die Mark Brandenburg

Goethe nannte die Berliner ein verwegenes Völkchen. Sie sind es bis heute geblieben — Mutterwitz, ein klarer Verstand und Realitätssinn, Nüchternheit, Fleiß und Bescheidenheit haben ihnen geholfen, auch die größten Belastungen und Schwierigkeiten zu überwinden, denen ihre Stadt ausgesetzt war. Nüchternheit, Bescheidenheit — und Sparsamkeit zeichnen auch ihre Küche aus. Der karge Boden der Mark Brandenburg, früher »des Heiligen Römischen Reiches Streusandbüchse« genannt, und die vielgerühmte Berliner Luft, die den Schaffensdrang und die Stimmung so anregt, daß man keines weiteren Reizmittels mehr bedarf, haben wohl auch dazu beigetragen, daß der Berliner am liebsten schlicht und einfach ißt und sich an kleinen Dingen zu freuen versteht.

Typisch für die Berliner Lebenshaltung sind z.B. das »Hardke« auf der Meinekestraße gleich beim Kurfürstendamm (Tel. 030/8819827), wo man mit Appetit und Vergnügen seine Terrine Erbsen mit Brötchen oder ein herrlich zartes, saftiges Eisbein verzehrt, die Gartenlokale, in denen — wenigstens früher — »Familien Kaffee kochen« konnten, und die vielen kleinen Kneipen, in denen man sich eine Weiße mit Schuß genehmigt, wo es immer frisch gebratene Buletten gibt und wo eine kleine Lage Stammgäste und Fremde miteinander verbindet.

In dem kargen Sandboden der Mark gedeihen aber —

und das sei nicht vergessen — eigenartigerweise die erlesensten Spargel, die berühmten Teltower Rübchen, die sonst nirgends so zart aus dem Boden wachsen. Denken wir auch an die Kirschen in Werder, zu deren Blütezeit ganz Berlin ehedem hinauspilgerte, an die Oderkrebse, die Schleie und Aale aus Havel und Spree, von denen Theodor Fontane in seinen Romanen so anschaulich erzählt, daß dem Leser das Wasser im Mund zusammenläuft, an die fetten Gänse aus der Mark. Bei aller Einfachheit der Küche — der Berliner und der Märker verstehen zu leben!

Fleischgerichte

Gedämpftes Rindfleisch

(wie es Friedrich der Große liebte)

¾—1 kg mageres Suppenfleisch
2—3 Knoblauchzehen
1 Bund Suppengrün
1 Zwiebel
1 TL Salz
1—2 Gläschen guter Weinbrand
1 EL Stärkemehl bzw. Mondamin

Das kochend erhitzte, ungesalzene Wasser einen Augenblick vom Herd ziehen, das gewaschene Fleisch und eventuell 1—2 Knochen zufügen, umrühren, damit sich sofort die Poren des Fleischstücks schließen, zurück auf den Herd geben, bei Siedehitze aufkochen lassen, abschäumen, 25—30 Minuten sieden lassen.
Inzwischen die kleingehackten Knoblauchzehen und die Zwiebel in wenig Fett licht bräunen, mit so viel Bouillon

aufgießen, daß das nun einzulegende Fleisch damit bedeckt ist, und bei leichter Hitze gerade eben 1½ Stunden dämpfen. Suppengrün und Salz nach dem leichten Sieden zugeben, ebenso den Weinbrand, nach und nach, wenn etwas verdunstet ist, wieder etwas Bouillon nachgießen. Zuletzt mit dem Stärkemehl binden. Die Sauce durchpassieren, mit noch etwas Weinbrand, Pfeffer und Fleischextrakt sehr würzig abschmecken. Dazu schmekken Mehlklöße oder Bouillon-Kartoffeln, Salzgurken und eingelegte rote Rüben.

Im Berliner Raum finden sich sehr viele Rezepte mit Saurem. Diese Vorliebe ist nicht ganz freiwillig entstanden, sondern geht auf eine Anordnung Friedrich des Großen zurück, dem das Salzmonopol gehörte. Jeder Haushalt mußte mehr Salz abnehmen, als er normalerweise verbrauchen konnte. (Daß zuviel Salz gesundheitsschädlich ist, wußte man damals noch nicht.) Sauerkraut und Pökelfleisch, Salzgurken und Eisbein, Salzheringe und Rollmöpse zeigen Möglichkeiten, wie man das Salz verwenden und Lebensmittel konservieren kann.

Rindsrouladen mit Senfgurken

4 dünne Rouladenscheiben
4 ca. 1 cm breite und dicke Speckstreifen
ebenso lange Stücke von Salzgurken
1 Zwiebel
Salz
Pfeffer
40 g Fett
1 EL Mehl
1 EL Tomatenmark
2 Senfgurken oder Salzgurken

Fleischscheiben leicht klopfen, salzen und pfeffern, mit Speck- und Gurkenstreifen belegen, einrollen, mit Klammern feststecken oder zusammenbinden. Im heißen Fett allseitig anbraten, dann ¼—⅜ l Bouillon (frisch oder aus Würfel) zugießen und im geschlossenen Topf bei mittlerer Hitze dämpfen. Zuletzt die Rouladen herausnehmen, Bratenfond mit Mehl und Tomatenmark glattrühren, aufkochen, abschmecken. Zusammen mit den Gurken servieren. Dazu Bouillon- oder Schnittlauch-Kartoffeln.

Märkischer Rindfleischtopf

750 g Rinderfilet von Kopf oder Spitze
2 Zwiebeln
250 g Steinpilze, Pfifferlinge oder Champignons
500 g Teltower Rübchen oder Mairübchen
50 g Fett
1 Päckchen dunkle Sauce oder Jägersauce
1 kg Kartoffeln

Zwiebeln fein schneiden, Pilze putzen, Fleisch in kleine Scheibchen schneiden, salzen und pfeffern und dann mit den Zwiebeln im heißen Fett auf beiden Seiten kurz anbraten. Inzwischen die Sauce nach Gebrauchsanweisung herstellen und die Pilze in Butter ohne Wasserzugabe schmoren. Das Fleisch in die Sauce geben — es darf nicht durchgebraten sein, sondern muß zart und innen rosa bleiben, einige Minuten darin lassen, aber nicht kochen. Fleisch mit Pilzen und Rübchen anrichten.

Bollenfleisch

(Abb. S. 97)

1 kg nicht zu fette Rinderbrust
1 Bund Suppengrün
Petersilie
½ l Bouillon
1 Lorbeerblatt
1 EL Kümmel
300 g kleine Zwiebeln
etwas Butter
Salz
Pfeffer

Die geschälten Zwiebeln in Butter andünsten, Fleisch, Suppengrün, Petersilie und die Gewürze dazugeben und mit Bouillon aufgießen. Soviel Wasser dazugeben, daß alles bedeckt ist. Leise 2 Stunden sieden lassen, zwischendurch abschäumen. Dazu Bouillonkartoffeln.

Gedämpftes Ochsenfleisch in Bier

1 kg Ochsenfleisch
60 g Speck
1 Zwiebel
1 Möhre
1 Lorbeerblatt
einige Pfefferkörner
Salz
1 EL Rübensirup oder
1 TL Zucker
¼—⅜ l Bier
etwas Wasser
Bouillonwürfel
1 EL Mehl
Butter

Das Fleisch salzen und mit allen Gewürzen, Speck, Bier und Wasser zum Kochen zusetzen. Leise köcheln, ca. 2 Stunden, mehrmals wenden. Zuletzt das Fleisch herausnehmen, Brühe passieren, das Mehl in Butter bräunen, mit der Brühe löschen. Dazu Salzkartoffeln und saure Gemüse.

Kasseler Rippespeer

1 kg Kasseler
dazu je nach Wunsch:
Sauerkraut und Erbsbrei
oder Rotkraut und Püree
oder geschmorte Kartoffeln
mit Gurkensalat
oder Teltower Rübchen
und Kartoffelklöße

Entweder das Kasseler mit ¼ l Wasser in einen Topf geben und in den heißen Ofen stellen und einfach erhitzen — oder mit dem Sauerkraut weich dämpfen oder ¾ Stunde im Backofen schmoren.

Berliner Leber

(Abb. S. 161)

500 g in feine Scheiben
geschnittene junge
Rinderleber
2 Zwiebeln
2 Äpfel
Salz
Pfeffer
1—2 EL Mehl
1 EL gehackte Petersilie
Butter

Dazu braucht man zwei Pfannen: in der einen wird die Leber, gesalzen, gepfeffert und mit Mehl bepudert, kurz auf beiden Seiten gebraten, in der anderen die Äpfel- und Zwiebelringe in der Butter gebräunt. Auf heißer Platte die Leberscheiben und darauf abwechselnd Zwiebel- und Apfelscheiben anrichten, mit Butter übergießen, gehackte Petersilie darüberstreuen. Dazu Kartoffelbrei und frischer Salat.

Falscher Hase

500 g Hackfleisch aus je zur Hälfte Schweine- und Rindfleisch
4 Brötchen
1 Zwiebel
50 g Speck
Salz
Pfeffer
Öl

Für die Sauce:
3 EL saure Sahne
Pfeffer
1 Hauch Majoran
1 TL Mehl

Brötchen in Scheiben schneiden, einweichen, ausdrükken. Mit dem Fleisch in den Mixer geben. Speck und Zwiebeln in ganz kleine Würfelchen schneiden, hellbraun braten, mit der Masse vermischen, salzen und pfeffern. Ein rundes oder längliches Bratenstück formen und in heißer Butter anbraten. Mehrmals mit heißer Butter begießen.
Sobald das Fleisch gar und aus der Pfanne genommen ist, den Bratenfond mit Mehl, saurer Sahne und Gewürzen aufkochen, durchpassieren und mit dem Braten servieren. Salzkartoffeln, Kartoffelbrei und beliebige Gemüse dazu.

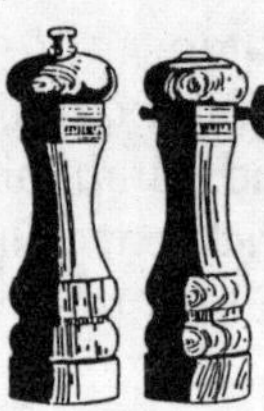

Berliner Buletten

Je 250 g durchgedrehtes
Rind- und Schweinefleisch
1—2 Brötchen
2 mittelgroße Zwiebeln
1 Ei
Salz
Pfeffer
30 g Bratfett
30 g Butter

Das Fleisch mit den ausgedrückten Brötchen, Ei und Gewürzen und den angebratenen Zwiebelwürfeln von 1 Zwiebel verkneten. Runde Beefsteaks formen, in heißem Fett und Butter bei milder Hitze langsam braten. Gebräunte Zwiebelscheiben darüber!

Schweinebauch mit Möhren

750 g Schweinebauch
500 g Möhren
750 g Kartoffeln
1 EL Mehl
Salz
Pfeffer
2 EL gehackte Petersilie

Den gewaschenen Schweinebauch kalt mit so viel Wasser aufsetzen, daß er bedeckt ist, 25 Minuten kochen, dann die in Streifen geschnittenen Möhren und etwas Salz zugeben und nicht zu weich kochen. Kartoffeln schälen, halbieren, gesondert in leichtem Salzwasser kochen, abgießen. Die Fleischsauce leicht mit Mehl binden, Kartoffeln zufügen, mit gehackter Petersilie bestreuen.

Berliner Sülzkotelett

Ein Sülzkotelett mit einem großen Teller voll Bratkartoffeln gehört zu den abendlichen Freuden des Berliners. Man kann die Sülzkoteletts durchaus im Kühlschrank aufbewahren, also gleich für zwei Tage, für Gäste oder größere Parties vorsorgen.

750 g Schweinerücken für ca. 4—5 Koteletts
1 Bund Suppengrün
1 Zwiebel
1 Lorbeerblatt
einige Wacholderbeeren, Fenchel- und Pfefferkörner
1 Prise Salz
Pfeffer
6 Blatt Gelatine
1—3 EL Essig
1 hartgekochtes Ei
1 Gewürzgurke

Den Schweinerücken mit den Gewürzen zum Kochen aufsetzen und abkühlen lassen. Die Brühe entfetten, passieren. Gelatine 1 Minute in kaltes Wasser legen, dann in der geklärten Brühe auflösen. In die Kotelettformen eine ca. 2 mm dicke Schicht der Gelierflüssigkeit gießen, Scheibchen von hartgekochtem Ei und Gewürzgurke zur Garnitur darauflegen, eine Scheibe Fleisch darüberlegen und mit so viel Gelee auffüllen, daß das Fleisch gut bedeckt ist. Im Kühlschrank fest werden lassen.

Hausgemachte Berliner Sülze

1—1½ kg Schweinsfüße, Ohren, Halsfleisch
Salz
Nelken
Lorbeerblatt
einige Wacholderbeeren, Fenchel-, Senf- und Pfefferkörner
1 Bund Suppengrün
1 Zwiebel
1—2 EL Weinessig
1 Salzgurke

Das gutgewaschene Fleisch mit den Gewürzen (ohne Essig) aufsetzen, weich kochen und mit der Brühe abkühlen lassen. Die Knochen entfernen und das Fleisch in kleine Würfel schneiden. Brühe passieren, mit Gewürzen und Essig kräftig abschmecken, noch 25—30 Minuten einkochen mit der kleingeschnittenen Zwiebel, dann passieren. Fleisch mit der kleingeschnittenen Gurke vermengen und so viel Sülzflüssigkeit zugeben, daß das Fleisch völlig bedeckt ist. Kühl stellen. Nach dem Erkalten und Festwerden kann man die Sülze in Scheiben schneiden und mit beliebigen Kartoffelgerichten servieren. Auch Butterbrot schmeckt dazu.

Berliner Eisbein

Zwischen Schinken und Schweinsfuß sitzen das kleine Spitzbein und das dickere Eisbein, das in Berlin eingepökelt, also eingesalzen wird. Meist hat auch das gepökelte Eisbein, das man zu kaufen bekommt, schon einen Tag in klarem Wasser gelegen und ist nicht sehr salzig, sondern mild. Fragen Sie Ihren Metzger danach.

1—2 kg Eisbein
1 Zwiebel
1 Lorbeerblatt
1 Möhre
Pfefferkörner

Das gewaschene Eisbein mit den Gewürzen und so viel Wasser kalt aufsetzen, daß es ganz bedeckt ist. 2—3 Stunden — je nach Größe — bei milder Hitze kochen.
Dazu gibt es natürlich Eisbein und Sauerkraut auf Berliner Art.

Löffelerbsen mit Speck auf Berliner Art

500 g gelbe Trockenerbsen
1 Zwiebel
1 Stange Lauch
1 Stückchen Sellerie
30 g Fett
250 g magerer Räucherspeck
1 Prise Thymian
Salz
Pfeffer
je 1 EL gehackte Petersilie und Schnittlauch

Das Gemüse in Würfel schneiden und im heißen Fett gelb schwitzen, dazu die über Nacht eingeweichten Erbsen und das Einweichwasser sowie den Räucherspeck in so viel Wasser geben, daß alles gut bedeckt ist. Gewürze zufügen, weich kochen. Speck in Scheiben schneiden und alles in einer niederen Terrine anrichten. Mit gehackter Petersilie und Schnittlauch bestreuen. Kartoffelbrei dazu.

Löffelerbsen mit Ohren und Schnauzen

50 g gelbe Trockenerbsen
750 g Schweineohren und -schnauzen
1 Zwiebel
1 Möhre
1 Petersilienwurzel
1 Stange Lauch
1 Stück Sellerie
500—750 g Kartoffeln
Salz
Majoran

Die am Abend zuvor eingeweichten Erbsen werden mit dem Einweichwasser, dem Schweinefleisch, den kleinwürfelig geschnittenen Gemüsen aufgesetzt und nur so lange gekocht, bis die Erbsen zwar weich, aber nicht verkocht sind. Ungefähr 20 Minuten vorher gibt man die geschälten, gewürfelten Kartoffeln hinzu und kocht sie in der Brühe mit gar. Zuletzt mit Salz, Majoran und einer Prise Pfeffer abschmecken. Fleisch klein schneiden und alles zusammen servieren.

Bratwurst in Bier

Je Portion 2 Paar Bratwürste (oder, falls Bratwurst vom Stück, je ca. 150—200 g)
50 g Butter
je Portion 1/8 l Bier und 1—2 EL geriebener Pfefferkuchen
1 TL Zucker
1 Prise Salz

Die Bratwürste mit siedendem Wasser überbrühen, danach abtrocknen. In der Pfanne Butter erhitzen und die Würste schön braun braten, dann herausnehmen. In die Pfanne nun das Bier gießen, mit dem Bratenfond aufkochen, den geriebenen Pfefferkuchen zufügen, zu Sauce verkochen, salzen und zuckern und darin dann die Wurst noch 7 bis höchstens 10 Minuten schmoren. Dazu schmekken sehr gut Rotkohl und Kartoffelbrei.

Hoppel-Poppel

750 g Kartoffeln
3—4 Zwiebeln
250—500 g gekochtes oder gebratenes Fleisch
2 Eier
40 g Butter

Dieses Gericht gleicht in etwa dem Bauernfrühstück. Zuerst in heißer Butter in einer Pfanne die gekochten, in Scheiben geschnittenen Kartoffeln bräunen und in einer zweiten Pfanne die Fleischstreifchen oder -würfel sowie die kleingehackten Zwiebeln. Ist alles schön knusprig gebräunt, gibt man die Kartoffeln zum Fleisch oder umgekehrt — welche Pfanne eben die größere ist —, achtet jedoch darauf, nichts zu zerdrücken, und gibt die verklepperten Eier darüber. In einer dekorativen Pfanne fertigstellen und darin servieren. Salat nach Jahreszeit.

Schabefleisch mit Zwiebeln auf der Schrippe

Je Portion 100 g Schabefleisch (Tatar)
Salz
Pfeffer
je 1—2 Schrippen (Brötchen)
1 Zwiebel
Butter
Gewürzgurke

Das Schabefleisch mit Pfeffer und Salz verkneten, auf halbierte, gebutterte Brötchen (Schrippen) dick aufstreichen, mit feingehackter Zwiebel bestreuen und mit Gurkenscheiben garnieren.

Hackepeter

Hackepeter wird in Berlin das kräftig gewürzte, mit Salz, Pfeffer und feingewiegter Zwiebel abgeschmeckte gehackte Schweinefleisch genannt. Je Portion rechnet man ca. 125—150 g, richtet es hübsch auf Portionstellern an, verziert mit Gurkenscheiben und reicht dazu Brötchen. Man kann den Hackepeter ebenfalls auf gebutterte Brötchenhälften geben und darauf einige Gurkenfächer legen.

Berliner Bockwürste

sind durch den Wurstmaxe recht bekannt geworden. Heute kann man sich Würstchen in vielerlei Versionen an fast jeder Straßenecke kaufen — aber auch zu Hause sind sie, vor dem Heißmachen einige Male mit einer Nadel eingestochen, damit sie nicht platzen, sehr beliebt. Dazu gibt es Kartoffelsalat.

Berliner Hühnerfrikassee

1 Suppenhuhn
1 Bund Suppengrün
1 TL Salz
1 Stückchen Kalbszunge
1 Kalbsbries
evtl. 125 g Kuheuter (beim Metzger vorbestellen!)
200 g gemischte Pilze, Champignons, Morcheln
nach Belieben noch Krebsschwänze und
250 g Spargel
50 g Butter
1 EL Mehl
⅛ l süße Sahne
1 Eigelb
1 Gläschen Weißwein
Salz
Pfeffer
1 EL Zitronensaft
1 TL Kapern

Das Suppenhuhn mit dem Suppengrün und einer Prise Salz aufsetzen und nicht zu weich kochen. Zunge, Euter, Spargel, Pilze usw. werden gesondert weich geschmort. Aus Butter, Mehl, Hühnerbouillon und Weißwein eine delikate Sauce herstellen, die dann mit Sahne und Eigelb abgezogen, gewürzt und mit Zitronensaft abgeschmeckt wird. Das Huhn zerlegen, in der Sauce mit allen Zutaten kurz durchziehen lassen und hübsch garniert anrichten. Salzkartoffeln oder Butterreis und Salat dazu.

Gänseweißsauer

1 ausgenommene bratfertige, mittelschwere Gans von ca. 5—6 kg
1—2 Bund Suppengrün
1 Zwiebel
1 Lorbeerblatt
2 EL Weinessig
1 Prise Salz
einige Wacholderbeeren, Senf- und Pfefferkörner
2 Päckchen Gelatine

Eine Gans ergibt ca. 8 Portionen. Will man das Rezept nur für 4 Personen verwenden, kauft man eine halbe Gans oder eine schöne Ente.
Die Gans mit allen Gemüsen und Gewürzen zum Kochen aufsetzen. Je nach Größe ist sie in ca. 1½ Stunden fertig. Im Topf kalt werden lassen. Dann die Gans herausnehmen, von der Brühe das Fett abnehmen, passieren, kräftig nachwürzen — mit Salz, Weinessig, einer Prise Pfeffer, etwas körniger Würze. Die Gelatine — 12 Blatt reichen für 1 Liter Sülze — eine Minute in kaltes Wasser legen, dann mit etwas Brühe erhitzen, bis sie zergeht, die Brühe zufügen und tüchtig rühren. Das Fleisch möglichst von den Knochen lösen und fantasievoll mit Scheiben von Möhren, Eischeiben oder Gurkenfächern in mit Gelee 2 mm dick bedeckte flache Schüsseln oder Portionsplatten geben und das schon leicht fest werdende Gelee darübergießen. Über Nacht oder mindestens 4 bis 6 Stunden im Kühlschrank fest werden lassen.
Dazu gibt es Bratkartoffeln oder Kartoffelpüree.

Gänsekeule gepökelt, mit Teltower Rübchen

1 Gänsekeule
500—750 g Teltower oder Mairübchen oder weiße Rüben
50 g Fett (Butter und Gänsefett)
1 EL Mehl
1 Zwiebel
1 Prise Salz
2 EL Zucker
750—1000 g Kartoffeln
Weinessig

Die gut gewaschene Gänsekeule kalt mit Wasser aufsetzen und langsam kochen. Inzwischen die Rübchen waschen, schälen oder Haut abreiben. Kartoffeln zu Salzkartoffeln schälen, in Viertel schneiden, mit Salzwasser zum Kochen aufsetzen oder bereitstellen (wenn das Fleisch und die Rübchen noch nicht soweit sind). Nach ca. 45 Minuten Kochzeit der Gänsekeule die Rübchen in Fett, das mit Zucker schon gebräunt ist, ebenfalls schön braun werden lassen, dann die Gänsekeule dazugeben und noch 15 Minuten beides weich schmoren. Die Sauce mit gutgebräuntem Mehl binden, mit etwas Weinessig abschmecken. Die Keule in die Mitte einer heißen Platte legen und mit den Rübchen garnieren.

Aalpastete
und andere Fischgerichte

Von Friedrich dem Großen wird berichtet, daß er eine große Vorliebe für Aalpastete hegte und mit erheblichem Appetit ihr zu Leibe rückte.
In der heutigen Küche bekommt die Pastete langsam aber sicher wieder den Rang, der ihr in der gutbürgerlichen Küche vor ein paar Jahrhunderten schon eingeräumt wurde.
In alten Rezeptbüchern und -heften finden wir ausführlich beschrieben, wie leckere Aalpasteten zuzubereiten sind. Und ich denke, dies Rezept macht Ihnen Vergnügen. Nachdem der für die Pasteten sehr gut geeignete Blätterteig nicht mehr umständlich mit vielen Touren zu arbeiten, sondern einfach gebrauchsfertig aus der Tiefkühltruhe nach Hause mitgenommen werden kann, sollten wir uns öfters dieses Vergnügen gönnen.
Man unterscheidet bei den Pasteten zwischen *Voll- und Hohlpasteten:* Vollpasteten, in denen die Füllung gegart wird, und Hohlpasteten, in die man gegarte Speisen zum Anrichten einfüllt. Die Vollpasteten waren früher allgemein gebräuchlich, während wir heute die Hohlpasteten vorziehen. Ich gebe Rezepte für beide Arten:

Pastetenteig für Vollpasteten

500 g Mehl
200 g Butter
3 Eigelb
etwas Salz
1/10 l Wasser

Auf das Backbrett gibt man das Mehl, die nicht zu feste Butter in kleine Stückchen zerteilt, die Eigelb und nach und nach das Wasser, auch das Salz, und verknetet alle Zutaten rasch zu einem festen Teig. Eine Stunde kühl stellen. Dann in drei Teile teilen: je ein Teil für Boden und Deckel, ein Teil für den Rand. Bei der Größe richtet man sich danach, in welchem Geschirr man die Pastete herstellt (eine länglich-ovale feuerfeste Jenaer Glasform ist sehr gut geeignet) oder ob man eine so feste Füllmasse hat, daß man die Pastete gewissermaßen freistehend bäckt.

Pastete in der Form

Der ausgerollte Teig wird sehr sorgfältig auf Boden und Seitenteile verteilt. Es darf keine Löcher und lose Stellen geben, also Seitenteile eventuell gleich mit hochziehen und wie bei einem Karton die Ecken schließen.
Der Deckel wird nach dem Einfüllen der Masse aufgesetzt, evtl. verziert. Man muß 4—6 kleine, fingerhutgroße Öffnungen vorsehen, damit der Dampf entweichen kann.

Pastete mit fester Füllmasse

Man schneidet das ausgerollte Teigstück so groß zu, daß es nicht nur den Boden, sondern auch die Seitenteile ergibt. Ovale Formen sind dafür sehr hübsch. Den Pastetenboden legt man auf das Backblech. Die Seitenteile aus dem gleichen Stück breitet man auf dem Backblech aus. Sobald die verschiedenen Pastetenschichten aus Fleisch, Pilzen, Gewürzen oder anderen Füllmassen aufeinandergeschichtet sind, zieht man die Seitenteile hoch und befestigt den Deckel. Zuletzt mit verschlagenem Eigelb bestreichen.

Hohlpasteten

Dafür läßt sich Blätterteig oder Quarkblätterteig verwenden. Am einfachsten ist die Verarbeitung von gebrauchsfertigem Blätterteig aus der Tiefkühltruhe. Die Teigplatte ca. 3—4 mm dick ausrollen. Mit einer Schüssel oder einem Topf die Größe des Bodens markieren, mit scharfem Messer abtrennen. Sie brauchen nun noch 2—4 Randringe in der Höhe von ca. 1—1½ cm, die dann 8—10 cm hoch aufgehen. Entweder ebenfalls aus Kreisen schneiden oder dafür Teigstreifen rund um den Boden ziehen. Wenn Sie einen Deckel wünschen, diesen ebenfalls ausrollen und gesondert auf das mit Wasser besprengte Backblech legen und bei guter Mittelhitze backen. Danach Füllmasse einlegen, servieren. Haben Sie für Hohlpasteten fertige Pastetenformen gekauft, so stellen Sie diese vor dem Anrichten 10—15 Minuten in den Backofen, damit der Teig wieder schön heiß und knusprig wird.

Aalpastete

Vollpastete

Der abgezogene, ausgenommene, in Stücke geschnittene Aal wird mit Salz, einem Hauch Thymianpulver, etwas weißem Pfeffer und Zitronensaft mariniert. Aus 40 g Butter und 1 EL Mehl helle Mehlschwitze zubereiten, mit Wein aufgießen, mit Zitronensaft abschmecken, mit einem Eigelb legieren, evtl. auch noch einige kleingeschnittene Pilze mitdämpfen. Diese Sauce über den Fisch in der Pastetenform geben, Teig schließen und ca. 40 Minuten bei mittlerer Hitze im Ofen garen.

Hohlpastete

Sie bereiten das Aalfrikassee wie vorstehend angegeben in einem Topf zu, das dauert ca. 20—25 Minuten, nehmen die Fischstücke vorsichtig heraus und setzen sie in eine Hohlpastete, übergießen mit Sauce und Pilzen — und servieren.

Havelaal grün mit Gurkensalat

Ca. 750 g Aal
1 Bund Suppengrün
1 Lorbeerblatt
ein paar Wacholderbeeren, Senf- und Pfefferkörner
Salz
$\frac{1}{8}$ l Weinessig
Wasser
etwas gekörnte Brühe

Havelaal grün bedeutet eigentlich, daß wir ihn — blau kochen! Das heißt, daß wir sehr vorsichtig vorgehen, den Aal nicht häuten, denn er färbt sich ja beim Kochen, und ihn sehr vorsichtig ausnehmen.
Das Suppengrün mit den Gewürzen (ohne Essig) 10 Minuten kochen. Inzwischen den vorbereiteten Aal in einen Topf legen und mit dem kochenden Weinessig übergießen. Nach 10 Minuten den kochenden Fischsud zugießen und darin den Aal langsam gar ziehen — nicht kochen! Auf heißer Platte anrichten, mit Zitronenachteln garnieren. Dazu Gurkensalat und Salzkartoffeln.

Aal in Gelee

750—1000 g Aal
Fischsud aus 1 Bund Suppengrün, 1 Zwiebel und 1 Lorbeerblatt
Wacholderbeeren, Senf- und Pfefferkörner
1 Nelke
ein paar Estragonblätter
¼ l Estragonessig
je Liter Gelee 12 Blatt Gelatine
etwas körnige Brühe

Suppengrün und alle Gewürze, einschließlich Essig, einige Minuten kochen und dann den abgezogenen, ausgenommenen, in ca. 8 cm lange Stücke geschnittenen Aal vorsichtig einlegen und 12—15 Minuten bei sehr milder Hitze mehr sieden als kochen. Auskühlen lassen. Den Fischsud entfetten, passieren, mit Eiweiß klären und mit der aufgelösten Gelatine tüchtig durchrühren. Die Aalstücke in kleine oder größere Formen legen und mit dem abgekühlten, schon leicht fest werdenden Gelee übergießen. Kalt stellen. Bratkartoffeln dazu reichen.

Dillsauce zu Aal grün

50 g Butter
2 EL Mehl
⅜ l Fischsud
reichlich Dill
1 EL gewiegte Petersilie
1 Prise Salz
1—2 EL Zitronensaft
einige EL süße Sahne

Aus Butter und Mehl eine helle Mehlschwitze herstellen und mit Fischsud ablöschen. Den feingewiegten Dill, Petersilie und Salz zugeben, 5 Minuten kochen lassen, dann mit Zitronensaft und Sahne abrunden.

Zander aus der Havel

1 kg Zander, in 4 ungefähr fingerdicke Scheiben geschnitten
2 EL Zitronensaft
1 EL Mehl
40 g Butter zum Braten und ca. 100 g Butter für braune Butter
1 Bund Petersilie
1 kg Kartoffeln
Zwiebel
Essig
Öl
Salz
Pfeffer

Den sauber gewaschenen Fisch salzen, mit Zitronensaft übergießen, 15 Minuten liegenlassen. Dann in Mehl wenden und in der heißen Butter bei milder Hitze auf beiden Seiten braten. Auf heißer Platte anrichten, mit gehackter Petersilie bestreuen, dazu die braune Butter in Butternäpfchen und Kartoffelsalat.

Schleie in Dillsauce auf Spreewälder Art

4 Schleien
Salz
3/8 l Milch
40 g Butter für die Sauce
1 EL Mehl
50 g Butter für braune Butter
1 großes Bund Dill
750 g Kartoffeln
1 Eigelb

Die Schleien säubern, salzen, Rückgrat einschneiden, in kochendes Salzwasser, das nur noch sieden darf, einlegen und gar ziehen. Die Milch aufkochen, einige EL Fischsud zufügen, die weiche Butter mit dem Mehl verknetet zugeben. Mit dem Eigelb die Sauce legieren und zuletzt den feingewiegten Dill dazu geben. Jetzt die Flossen abschneiden, die Schleien auf eine heiße Platte legen und mit der Sauce begießen. Wer's besonders gut haben will, gibt noch braune Butter darüber. Salzkartoffeln dazu!

Schleie in Dillsauce mit Weißwein

4 Schleien
2 Zwiebeln
⅜ l Weißwein
¼ l Wasser
Salz
Pfeffer
40 g Butter
1 EL Mehl
1 Eigelb
3 EL Sahne
30 g Butter
reichlich gewiegter Dill
1—2 EL Zitronensaft

Die gesäuberten Schleien leicht einsalzen und im Fischsud aus Zwiebeln, etwas Dill, Wein, Wasser, Salz, Pfeffer ca. 8 Minuten gar ziehen lassen. Dann die Schleien herausnehmen und die Flossen abziehen. Die Sauce aus Fischsud, Eigelb, Sahne, Zitronensaft und reichlich Dill herstellen, nachdem man Butter und Mehl ebenfalls verknetet und zugefügt hat. Zuletzt noch 30 g weiche Butter einarbeiten. Sehr lecker! Petersilienkartoffeln dazu.

Schellfisch mit Dillsauce

1 kg Schellfisch vom Stück oder Filet, sonst wie vorstehend

Wenn man keine Schleie oder Zander bekommt, kann man das Rezept auch mit Schellfisch herstellen. Es kommt auf den gut gewürzten Fischsud und darauf an, daß der Schellfisch nach dem Waschen gründlich gesäubert und gesalzen wird. 15 Minuten liegen lassen und dann erst im Fischsud gar ziehen lassen.

Rollmöpse

4 Salzheringe
1 Salzgurke
1 Zwiebel

Für die Marinade:
¼ l Weinessig
einige Senfkörner
1 Lorbeerblatt
einige Estragonblätter
1 kleine Zwiebel

Die Zutaten zur Marinade mit etwas Wasser versetzen, aufkochen, abkühlen lassen. Die einen Tag gewässerten Salzheringe ausnehmen, entgräten, gründlich säubern. Jedes Filet mit Zwiebelscheiben und einem Stück Salzgurke belegen, rollen, mit Zahnstocher feststecken. In Steintopf legen, die abgekühlte Marinade darübergießen. Möglichst erst nach ein paar Tagen verwenden. Der Berliner mag dazu gern dick gebutterte Stullen.

Krebse in Dill

12 Krebse
3 Zwiebeln
2 Bund Dill
40 g Butter
Salz
Paprika
½ l Bouillon oder Wasser mit Bouillonwürfel
½—¾ l Weißwein

Zwiebeln und Dill fein schneiden, in der heißen Butter leicht anbräunen, mit Weißwein und Bouillon aufgießen, mit Salz und etwas Paprika würzen und aufkochen. In diese kochende Brühe werden die Krebse nach und nach — je nach Größe des Topfes 2 bis 3 — eingelegt und ca. 8 Minuten gekocht, bis sie schön rot geworden sind. Sie kommen dann in eine große Terrine, bis alle gekocht sind. Die Kochbrühe über die Krebse schütten und damit servieren.

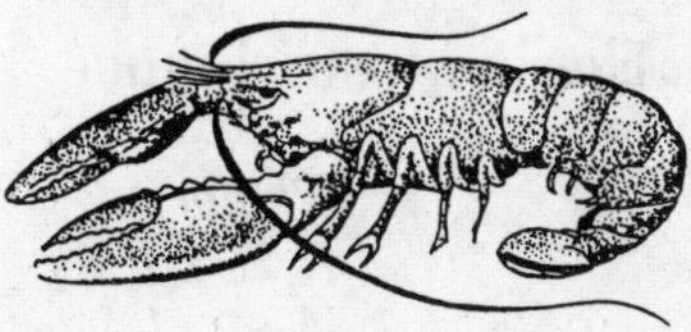

Eier, Kartoffeln und Gemüse

Saure Eier in Specktunke

8 Eier
150 g Speck
2 Zwiebeln
1 EL Mehl
40 g Bratfett
2—3 EL Weinessig
1 EL Zucker
Salz
Pfeffer

Die Eier 6—7 Minuten kochen. Speck und Zwiebeln würfeln, in der Pfanne glasig dämpfen, Mehl zufügen, ebenfalls bräunen, mit ¼ l Wasser oder Bouillon aufgießen, 10 Minuten kochen, mit Essig, Zucker, Salz und Pfeffer abschmecken und damit die geschälten Eier übergießen. Dazu Quetschkartoffeln.

Eier in Mostrichsauce

8 Eier
40 g Butter
1 EL Mehl
3 EL Weinessig
1 Prise Salz
Pfeffer
1 EL Zucker
1—2 EL Mostrich (Senf)
½ l Bouillon

In der heißen Butter das Mehl bräunen, mit Bouillon auffüllen, alle Gewürze zugeben und einige Minuten kochen. Dazu kann man Quetsch- oder Salzkartoffeln und Salate reichen.

Quetschkartoffeln

1 kg Kartoffeln
$^3/_8$ l Milch
40 g Butter
Salz
1 Hauch Muskatnuß

Die geschälten, geviertelten Kartoffeln in Salzwasser kochen, abgießen, dann die Kartoffeln mit dem Kartoffelstampfer nicht fein, sondern nur grob zerquetschen, die heiße Milch, Butter, Gewürze zugeben, durchrühren. Es müssen noch Kartoffelstückchen zu spüren sein.

Bouillon-Kartoffeln auf Berliner Art

1 kg Kartoffeln
1 l Fleischbrühe
zusammen ca. 125—150 g Möhre, Sellerie, Lauch, Petersilienwurzel und -grün
1 Prise Salz
Pfeffer

Die geschälten Kartoffeln in nicht zu kleine Würfel schneiden, in leichtem Salzwasser aufkochen, abgießen, nun Brühe zufügen sowie das kleingeschnittene Gemüse und langsam gar kochen. Der Berliner liebt die Kartoffeln nicht trocken, sondern feucht, brühartig. Zuletzt noch einen Hauch Muskatnuß darübergeben.

Schnittlauch-Kartoffeln

1 kg Kartoffeln
1 TL Salz
¼—⅜ l Milch (je nach Beschaffenheit der Kartoffeln)
1 Bund Schnittlauch
1 Stückchen Butter

Kartoffeln in Salzwasser abkochen, durchdrehen oder pressen, mit heißer Milch, Salz, Butter glattrühren, zuletzt den Schnittlauch untermengen.

Berliner Kartoffelsalat

500 g Kartoffeln
Essig
Öl
Salz
Pfeffer
1—2 EL Mayonnaise

Die warmen Pellkartoffeln schälen, sofort mit Essig, Öl, Gewürzen vermischen, zugedeckt erkalten lassen, dann nach Wunsch noch die Mayonnaise vorsichtig unterziehen.

Teltower Rübchen

Teltower Rübchen sind kaum noch zu bekommen. Man kann sich mit zarten Mairübchen abhelfen.

750 g Rübchen
40 g Butter
1 EL Zucker
etwas Salz

Die von mir angegebene Zubereitungsart weicht etwas von der herkömmlichen ab, aber sie geht nicht nur rascher, sondern die Rübchen schmecken auch noch besser. Die Rübchen schaben, waschen und in leichtem Essigwasser liegenlassen. Inzwischen Butter im Topf zergehen lassen, Zucker zugeben und unter ständigem Rühren beides bräunen — nicht zu dunkelbraun, weil sonst die Masse bitter wird —, dann sofort die Rübchen abgetrocknet zugeben, wenden, mit ¼ l heißer Bouillon ablöschen und bei milder Hitze 10 Minuten schmoren.

Erbspüree

500 g getrocknete gelbe Erbsen
1—2 Zwiebeln
50 g Butter oder 80 g magerer Speck
1 Prise Salz

Die tags zuvor eingeweichten Erbsen bei milder Hitze weich kochen. In Butter oder dem kleingeschnittenen Speck die Zwiebeln dünsten und zum durchpassierten Erbsbrei geben.

Rotkohl auf Berliner Art

750 g Rotkohl
1—2 Äpfel
1 Zwiebel
3 Nelken
3 EL Öl
1 TL Zucker
1 EL Essig
Salz
1 Kartoffel

Den Rotkohl zusammen mit den geraffelten Äpfeln, den Gewürzen und der feingehackten Zwiebel sowie Öl und ⅛ l heißem Wasser aufsetzen und bei milder Hitze 15 Minuten dünsten. Zum Schluß kann man zum Binden, wie in Berlin üblich, eine rohe geriebene Kartoffel unterrühren und nochmals 2 Minuten kochen.

Sauerkraut auf Berliner Art

500 g Sauerkraut
40 g Fett
1 Zwiebel
Pfefferkörner

Die kleingeschnittene Zwiebel im Fett dämpfen, das Sauerkraut locker einstreuen, etwas Bouillon zufügen und 20 Minuten bei milder Hitze dünsten. Um das Kraut sämig zu bekommen, kann man eine rohe Kartoffel direkt in das Kraut reiben, umrühren, noch einige Minuten durchkochen.
Zu solch deftigem Berliner Essen gehören zwei Sorten Senf und natürlich eine Molle mit einer Strippe — ein Bier mit einem Gläschen Korn — oder die berühmte Weiße mit Schuß: obergäriges Weißbier mit einem Schuß Himbeersaft.

Berliner Pfann- und andere Kuchen

Berliner Pfannkuchen

Hier gebe ich nicht die Mengen für 4 Personen, sondern für 20—25 Krapfen an.

800 g Mehl
60 g Hefe
90 g Zucker
Palmin
abgeriebene Schale von ½ Zitrone
6 geriebene bittere Mandeln oder etwas Bittermandelessenz
125 g Butter
4—5 Eier (je nach Größe)
¼—⅜ l Milch
Aprikosenkonfitüre
Puderzucker

Die Milchmenge richtet sich danach, wie trocken das Mehl ist — manches nimmt weniger, manches braucht mehr Milch. Zuerst die zerbröckelte Hefe mit einigen EL lauwarmer Milch — Zutaten nie wärmer als 30 °C verwenden — auflösen, 1 EL Zucker zufügen, in die Mitte des Mehls in der Teigschüssel geben, mit etwas Mehl überstreuen und an warmer Stelle neben dem Ofen gehen lassen. Nach ca. 15 Minuten ist der Vorteig doppelt so groß. Nun die ebenfalls leicht vorgewärmten Zutaten, die man neben den Ofen stellt — Zucker, Zitronenschale, 1 TL Salz, die Eier und geriebenen Mandeln — zugeben und so viel Mehl, daß sich der Teig gut schlagen läßt. Mit der Hand schlagen, bis der Teig sich von der Schüssel löst — oder in der Rührmaschine 8—10 Minuten schlagen. *Jetzt* erst kommt die zerlassene, aber höchstens lauwarme Butter zum Teig und wird nochmals mindestens 5—6 Minuten mit durchgeschlagen oder gerührt. Teig zudecken, ca. 1 Stunde gehen lassen, dann nochmals gut durcharbeiten und auf dem mit Mehl bestreuten Backbrett ausrollen in ca. Fingerdicke. Mit Weinglas runde Stücke ausstechen, je auf eines etwas Aprikosenkonfitüre geben, den Rand mit verkleppertem Eiweiß bestreichen und eine zweite Scheibe daraufsetzen und so fort, bis der Teig aufgebraucht ist. Nun wiederum zudecken und nochmals gehen lassen.
Nach einer halben Stunde stellt man in einem weiten flachen Tiegel oder, wenn man nach und nach die Krapfen backen will, in einem kleineren Topf, das Fett auf. Der Berliner verwendet gern Schweineschmalz, man kann auch ein Kokosfett oder eben Palmin nehmen. Sorgfältig die Ballen einlegen und goldbraun auf beiden Seiten backen. Auf Fließpapier legen, mit Puderzucker bestreuen oder mit Zuckerguß glasieren.

Baumkuchen

Wußten Sie, daß Berlin der Ursprungsort des Baumkuchens ist — des 1—2 m hohen delikaten Kuchens, von dem man sich oftmals fragt, wie er wohl entsteht? Dazu bedarf es besonderer Ausrüstung, die sich im Privathaushalt nicht durchführen läßt. Das ist eine Sache der Konditoren — aber einen Blick hinter die Kulissen wollen wir doch riskieren und Ihnen dann anschließend noch einen Geheimtip geben, wie Sie einen Baumkuchen selbst fabrizieren können.
Es wird ein sehr guter Biskuitteig hergestellt. Eine lange, tannenförmige Stange befindet sich auf einem besonderen Gestell. Die Stange dreht sich ständig in der Halterung. Von der Spitze bis zum Ende wird nun der Teig immer wieder über die sich drehenden Schichten gegossen, so daß sich eine Schicht nach der anderen bräunt und sofort wieder die nächste anschließt. Gebacken wird über offenem Feuer. Der Teig ist dabei ganz dünn, denn nur durch die sehr dünnen Schichten kommt der delikate Geschmack zustande. Zuletzt wird der Baumkuchen mit Zucker- oder Schokoladenguß übergossen und dann von der Spitze her ganz dünn aufgeschnitten.
Wenn Sie selbst einen Baumkuchen machen, ist es wichtig, daß Sie den Kuchen ebenfalls in sehr dünnen Teigschichten backen. Sie brauchen für einen ca. 25 cm im Durchmesser breiten und ca. 10 cm hohen Kuchen:

6 Eier
6 Eigelb
180 g Zucker
150 g Mehl
90 g Butter
1 EL Zitronensaft

Dieser Teig wird am besten im Wasserbad schaumig geschlagen. Dafür stellen Sie einen Topf halb voll mit Wasser auf den Herd und lassen es zum Sieden kommen. Einen flachen Topf oder eine Schüssel hängen Sie so ein, daß der Wasserdampf von unten den oberen Topf leicht erhitzt. Geben Sie den ganzen Eier und Eigelb mit dem Zucker in den oberen Topf und schlagen Sie ihn mit dem Schneebesen ständig nach einer Seite, bis er ganz locker und luftig geworden ist. Dann vom Wasserbad nehmen und weiterschlagen, bis die Masse wieder kühl geworden ist. Nun geben Sie das Mehl, die zergangene, heiße Butter und den Zitronensaft — mehr oder weniger nach Geschmack — hinzu, bis der Teig sehr schön glatt und gleichmäßig ist. Auf ein leicht gebuttertes Backtrennpapier, das auf jeder Seite mindestens 10—15 cm größer als der Teig sein soll, streichen Sie nun mit einem Messer oder Teigschaber eine dünne Schicht rund oder viereckig auf und geben ihn auf dem Backblech in den für Biskuitteig eingestellten Hitzegrad in den Ofen. Sobald die erste Schicht gebacken ist, streichen Sie eine zweite ebenso dünne auf die erste auf, backen wieder, und so fort, bis der Teig aufgebraucht ist. Sie können den Baumkuchen ebenfalls mit Zucker- oder Schokoladenguß überziehen.

Eberswalder Spritzkuchen

½ l Milch
1 Prise Salz
1 EL abgeriebene Zitronenschale
2—3 EL Zucker
100 g Butter
400 g Mehl
8 Eier

Milch, Zucker, Butter und Zitronenschale in einem schmalen hohen Topf aufkochen, dann sofort abnehmen, das Mehl hineinschütten und mit dem Kochlöffel den Teig glattrühren. Zurück auf die Feuerstelle und so lange rühren, bis er sich vom Topfe löst. Einige Minuten abkühlen lassen und dann jeweils 1—2 Eier zugeben, den Teig glattrühren und wieder Eier zugeben, bis der Teig schön gleichmäßig geworden ist.
Den Topf mit der Butter aufstellen und heiß werden lassen. Den Teig in einen Dressiersack oder eine größere Teigspritze mit großer Sterntülle füllen. Eine Scheibe Pergamentpapier, ca. 1 cm kleiner als die Fettschicht des Fettopfes schneiden, durch das heiße Fett ziehen, auf Pfanne oder Platte legen und darauf nun runde Kränzchen spritzen. Das Blatt ins heiße Fett gleiten lassen, an einer Ecke festhalten. Dabei löst sich der Teig und Sie können das Blatt wegziehen. Schön hellbraun backen, auf Löschblatt oder Küchenpapier zum Entfetten legen, mit feinem Zucker bestreuen.

Mecklenburg und Pommern

Mecklenburg und Pommern sind zwei einander sehr verwandte Gebiete. Im Gegensatz zu den übrigen meist kargen, mit Heide und Kiefern bestandenen Sandflächen Nord- und Nordostdeutschlands bieten sich hier ein abwechslungsreiches Landschaftsbild und fetter Boden. Was ein »Reiseberichterstatter« der Goethezeit über Mecklenburg schrieb, gilt auch für Pommern, wenigstens für Vorpommern: »Seine Küsten sind erhaben, der Boden fruchtbar, vorzüglich längs der Küste und den Flüssen, die schönen Laubwaldungen gefallen doppelt nach den ewigen Nadelhölzern, und die vielen Landseen gewähren Abwechslung. Wegen dieser vielen Gewässer ist die Luft feucht, die Witterung veränderlich, aber Landwirtschaft, Hornvieh und Schafzucht blühen, noch besser steht es um die Schweinezucht. Schweine und Gänse sieht man überall, und auch ziemlich viel Wild ...«
In diesen ländlichen Gebieten, wo es kaum Industrie gibt und wo früher auch in den kleinen alten Städtchen fast jeder sein eigenes Stück Land draußen vor den Stadttoren hatte, ist ein herzhafter Humor zu Hause — ich denke an den plattdeutsch schreibenden Dichter Fritz Reuter! Und zu Hause ist hier natürlich auch die Freude am deftigen und herzhaften Essen und Trinken. Der Reichtum an fetten Gänsen auf der mecklenburgischen Seenplatte und im Oderbruch hat uns zum Beispiel so herrliche Gerichte beschert wie das Schwarzsauer und die pommersche Spickgans — die Spickbost. Und Oder und

Ostsee, gar nicht zu sprechen von den vielen kleinen Seen und Flüssen, liefern immer neue Mengen an Aalen, Zandern und Heringen. Um das alles zu bewältigen, kippt man am besten nach der Mahlzeit einen ordentlichen Kümmel — noch besser einen Doppelkümmel!

Suppen

Bohnensuppe auf pommersche Art

375 g weiße Bohnen
Kochbrühe von Hammelfleisch oder Gänseklein
reichlich feingewiegte Petersilie, Majoran und Kerbel
das in der Brühe gekochte Fleisch oder Reste

Die Bohnen abends einweichen. Da die Kochbrühe von Hammelfleisch oder Gänseklein ja schon gewürzt ist, brauchen wir keine Würze zugeben. In der fetten Brühe die weißen Bohnen weich kochen. Die Hälfte durchpassieren, die andere ganz lassen. Zuletzt die feingewiegten Kräuter zugeben und in der Suppe das in Stücke geschnittene Fleisch erhitzen.

Pommersche Gemüsesuppe

50 g Butter
1 mittelgroße Gurke
5 Schalotten
250 g frische Erbsen oder tiefgefrorene
1 Salatkopf
je ca. 1 EL feingeschnittene Petersilie, Kerbel und Pimpernelle
Salz
Pfeffer
etwas Ingwerpulver
¾ l Bouillon

Für die Mehlschwitze:
40 g Butter
2 EL Mehl
2 Eigelb

In der Butter die kleingeschnittenen Gemüse mit einigen Eßlöffeln Wasser 8 Minuten dünsten, die kleingeschnittenen Kräuter und Gewürze zugeben, mit heißer Bouillon auffüllen, 15 Minuten kochen, mit heller Mehlschwitze glattrühren, mit Eigelb legieren.

Pommersche Kliebensuppe

1 l Milch

Für die Klieben:
80 g Mehl
1 Ei
1 Prise Salz
1 EL Zucker
ca. ²/₁₀ l Wasser

Milch mit einem Stückchen Zimt zum Kochen bringen, eine Prise Salz überstreuen. Inzwischen aus Wasser, Mehl, Ei (man kann auch 2—3 nehmen), Salz und Zukker einen dickflüssigen Teig rühren, in die kochende Milch einlaufen lassen. Sobald die Klieben oben schwimmen, sind sie gar, und die Suppe ist fertig.

Rindfleisch mit Plummen

1 kg nicht zu fettes durchwachsenes Rindfleisch
1 Bund Suppengrün
1 Bund Schnittlauch
300 g Backpflaumen
3 große Zwiebeln
40 g Butter
1 EL Mehl
etwas körnige Brühe
1 kg Kartoffeln

Mit dem Suppengrün und einer aufgeschnittenen Zwiebel das Fleisch aufsetzen, abschäumen, dann langsam kochen lassen. Die vorgeweichten Pflaumen mit etwas Rindfleischbrühe fertigdämpfen. Aus Butter, feingeschnittenen, gelbgedämpften Zwiebeln und dem Mehl eine helle Sauce herstellen, mit Rindfleischbrühe aufgießen, mit körniger Brühe abschmecken. Kartoffeln schälen, vierteln, in Salzwasser weich kochen.
Das Fleisch wird in Scheiben geschnitten mit den Backpflaumen und Kartoffeln, die mit Schnittlauch bestreut werden, sowie der leckeren Zwiebelsauce serviert.

Mecklenburger Rippenbraten

1—1½ kg leicht gepökeltes Schweine-Rippenstück (beim Metzger vorbestellen!)
400 g Äpfel
300 g Backpflaumen
2 EL geriebenen Zwieback oder Paniermehl
1—2 EL Zucker
1 Prise Salz
Pfeffer
50 g Fett
1 EL Stärkemehl oder Mondamin
etwas Bouillon

Das Fleisch 1—2 Stunden wässern, unter fließendem Wasser klarspülen, abtrocknen. Die Knochen zweimal einschlagen. Die Äpfel schälen und achteln, die vorgeweichten Backpflaumen nach Möglichkeit entkernen. Die eine Fleischhälfte mit Äpfeln und Pflaumen belegen, mit Zucker und Zwiebackbröseln bestreuen. Die Fleischhälfte überklappen und den Braten an den drei offenen Seiten gut zunähen. Außen etwas salzen und pfeffern, im heißen Fett von allen Seiten schön anbraten, dann im Backofen fertigbraten. Für die Sauce zuletzt den Bratenfond mit Stärkemehl glattrühren, mit Bouillon ablöschen. Salzkartoffeln und Salate dazu.

Mecklenburger Schlachteplatte

Die Abweichungen der verschiedenen Schlachtplatten sind nicht groß. Lecker ist das mit Äpfeln und Zwiebeln gekochte Sauerkraut und die Mecklenburger Grützewurst.
Die Schlachteplatte besteht aus 1 Grütze-, 1 Leber-, 1 Blutwurst, 1 Stück Schweineschnauze und Schweineohr, ordentlich Sauerkraut, 1 Portion Erbsbrei von grünen Erbsen, Speck- und Zwiebelwürfeln.

Mecklenburger Grützwurst

1 kg Gerstengrütze
1½ l Bouillon
175 g Schweinefett
100 g Schreven (ausgebackenes Schweinefett)
2 Zwiebeln
Salz
Pfeffer
Nelken
Nelkenpulver
ca. ½ l Schweinsblut
evtl. noch 250 g Schweinelunge

In der Bouillon die Gerstengrütze langsam kochen, besser ausquellen lassen, dann das flüssige Schweinefett, die Schreven aus ausgelassenem Schweinespeck, die feingeschnittenen, in den Schreven glasig gedünsteten Zwiebeln und die Gewürze zufügen, zuletzt das Schweineblut und eventuell noch die durchgedrehte gekochte Lunge, mit Gewürzen sehr pikant abschmecken, in saubere Därme füllen und in leicht gesalzenem Wasser kochen. Sie sind gar, wenn beim Hineinstechen das Blut gestockt ist.

Grützwurst mit Apfelmus

Grützwurst wie oben angegeben, jedoch aus 500 g Hafergrütze, 150 g magerem Speck, 150 g Schweine- oder anderem Fleisch (auch Innereien)
Salz
Pfeffer
etwas Nelkenpulver
50 g Bratfett

Die Hafergrütze in Wasser und Bouillonwürfel oder richtiger Bouillon ausquellen lassen. Speck in kleine Würfelchen schneiden, in der Pfanne ausbraten, das Fleisch in den Mixer geben und alles mit den Gewürzen zur erkalteten Grütze mischen und nicht zu voll in die Därme füllen. Anstatt sie zu kochen, werden die Grützwürste auf mittlerer Hitze langsam in der Pfanne gebraten, damit sie gar werden. Dazu Apfelmus und Kartoffelbrei oder Salzkartoffeln.

Mecklenburgische Blutwurst

Je Liter Schweineblut rechnet man 100 g kleinwürfelig geschnittenen Speck

Salz
Pfeffer
Nelkenpulver
ca. 125—150 g Mehl

Das warme Blut unter ständigem Rühren erkalten lassen, damit es flüssig bleibt. Speck und Mehl sowie Gewürze dann unterrühren und die Masse in ca. 15 cm lange dikke Därme füllen, auf beiden Seiten gut zubinden. Nur zu ca. $^2/_3$ mit der Masse füllen. Dann kochen, wie vorstehend angegeben.

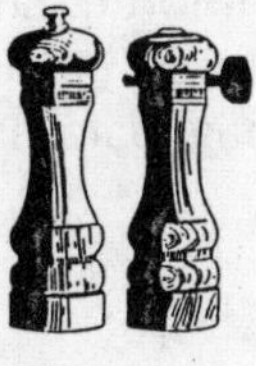

Gefüllte Schweinebrust mit Äpfeln und Backpflaumen

1 kg Schweinebrust
300 g Äpfel
250 g Backpflaumen
2 Eigelb
1 EL Paniermehl
etwas Zucker
1 Prise Salz
1 TL körnige Brühe
40 g Bratfett

750 g Rotkohl
1 kg Kartoffeln
1 Nelke
1 Apfel
1 Zwiebel
2 EL Johannisbeergelee
1 EL Zucker
1 EL Essig
40 g Fett

In die Schweinebrust ähnlich wie bei der Kalbsbrust eine Tasche einschneiden und leicht einsalzen. Äpfel schälen, Kernhaus ausschneiden, in Scheiben oder Achtel schneiden. Die Backpflaumen entkernen, beides leicht überzuckern, mit Paniermehl bestreuen und mit den Eigelb binden. In die Tasche einfüllen, zunähen. Im heißen Fett anbraten, nachdem man das Fleisch eingesalzen hat. Mehrmals wenden, immer wieder begießen. Nicht zuviel heißes Wasser zugießen. Zubereitung der Sauce wie im Rezept für Rippenbraten, s. S. 144.
Den Rotkohl mit den Gewürzen, der feingeschnittenen Zwiebel, dem geraffelten Apfel, Zucker und Essig im heißen Fett, dem fingerhoch heißes Wasser zugegeben wurde, 15 Minuten schmoren. Etwas körnige Brühe zum Abschmecken. 15 Minuten — nicht länger — dämpfen, dann ist es gerade richtig. Salzkartoffeln dazu.

Gebackener Schinken auf mecklenburgische Art

1—2 kg von der Schweinskeule oder eine ganze Keule
Gewürznelken je nach Größe des Fleischstücks
150 g Brotkruste
1 TL Nelkenpulver
1—2 EL Zucker

Die Schwarte von der Keule lösen. Mit einem Messer die Fettschicht ganz leicht in Rauten oder Vierecke teilen — je ca. 8 bis 10 cm groß — und in jedes eine Gewürznelke stecken, mit feinem Salz überstreuen und das Keulenstück in eine Bratpfanne mit ca. 2 Finger hoch Wasser setzen. Den Backofen dafür nur mittelheiß vorwärmen und auch bei mittlerer Hitze die Keule braten, damit sie gleichmäßig durchbrät. Immer wieder heißes Wasser nachgießen, damit stets mindestens fingerhoch Wasser in der Pfanne bleibt. Wenn das Fleisch nach ca. 2—3 Stunden — je nach Größe — gar geworden ist, herausnehmen. Die Brühe entfetten. Auf die Schwarte wird die Mischung aus geriebener Brotrinde, Nelkenpulver und Zucker aufgestreut — möglichst einen Finger hoch — und das Fleisch nochmals in den Backofen gegeben, bis die Kruste einigermaßen fest geworden ist.
Der Braten kann ganz oder in Scheiben geschnitten aufgetragen werden. Die Kruste zerfällt, wenn man sie auf dem Schinken schneidet, daher vorsichtig abnehmen, auf dem Brett in gleich dicke Scheiben wie den Schinken schneiden und wieder darauflegen.

Schweinskopf mit Grünkohl

½ oder 1 ganzer Schweinskopf
Salz
Pfeffer
1½ kg Grünkohl
1 kg Kartoffeln
Schweinefett oder Öl
1 TL körnige Brühe

Wenn das Gericht ganz echt auf mecklenburgische Weise zubereitet werden soll, trieft es beinah vor Fett! Denn beim Kochen des Grünkohls wird daran nicht gespart, sondern ein ordentliches Stück hineingetan. So üppig wollen wir es der schlanken Linie halber — und auch der Gesundheit wegen — niemand zumuten.
Den gutgewaschenen Schweinskopf langsam gut 2 bis 3 Stunden weich kochen und dann aus den Knochen lösen. Den Grünkohl (möglichst, wenn er schon Frost bekommen hat, weil er dann besser schmeckt) Blatt für Blatt sehr gründlich mehrmals waschen, in feine Streifchen schneiden, mit wenig Wasser und Schweinefett oder Öl und körniger Brühe aufsetzen. Wenn das Wasser verdunstet ist, immer wieder einen halben Schöpflöffel Kochbrühe vom Schweinskopf nachgießen. In 25 Minuten ist er gar. Salzkartoffeln oder Kartoffelbrei dazu.

Schweinskopf-Sülze auf mecklenburgische Art

1 Schweinskopf
2 Kalbsfüße
Salz
2 Zwiebeln
einige Nelken
ein Streifchen Zitronenschale
2 Lorbeerblätter
¼ l Weinessig
1 Zitrone
Salz
Pfeffer
evtl. noch etwas körnige Brühe

Schweinskopf und Kalbsfüße in leicht gesalzenem Wasser weich kochen, und das Fleisch herausnehmen. Der Kochbrühe nun alle Gewürze zugeben und noch ca. 20 Minuten kochen, dann die Brühe durch ein feines Sieb gießen. Diese Brühe darf nur noch ca. die Hälfte der Kochbrühe darstellen und muß während des Kochens eingedickt sein, um die natürliche Sülze zu ergeben. Ist sie zu dünn, einige Blatt Gelatine zufügen. Zuletzt den Zitronensaft zur klaren Brühe geben. Das Fleisch von Kopf und Füßen in Streifen oder Würfel schneiden, in eine kalt ausgespülte Form geben und die schon leicht steif werdende Sulzflüssigkeit zugießen. Erkaltet und steif geworden in Scheiben aufschneiden, mit Kartoffelbrei oder Kartoffel- und anderen Salaten zu Tisch bringen.

Dicke Bohnen mit Speck oder Pökelfleisch

1½ kg dicke Bohnen (Saubohnen)
500 g magerer Speck oder leicht eingepökeltes Schweinefleisch
1 Zwiebel
1 EL Mehl
etwas körnige Brühe oder 1 Bouillonwürfel
2—3 EL saure Sahne
50 g Butter

Die dicken Bohnen aus den Hülsen nehmen, waschen, mit heißem Wasser oder Bouillon übergießen, daß sie gerade eben bedeckt sind, und ca. 25 Minuten kochen. Abgießen und mit kochendem Wasser überschütten, damit sie hell bleiben. Aus Butter, Mehl, Bouillon eine helle Schwitze herstellen, mit saurer Sahne oder auch Milch abrunden, die Bohnen in die Sauce geben und einige Minuten ziehen lassen. Mit feingewiegter Petersilie bestreut servieren. Den Speck oder das Pökelfleisch gesondert gar kochen und in schöne Scheiben geschnitten auf einer Platte anrichten. Mit gebräunten Zwiebelringen bestreuen.

Kohlrüben mit Schweinebauch

750 g Kohlrüben (Wruken)
750 g Schweinebauch
½ Lorbeerblatt
2—3 Zwiebeln
750 g Kartoffeln
Salz
etwas Pfeffer
1 EL Mehl
40 g Fett
1 TL körnige Brühe

Die Kohlrüben in Streifen schneiden, mit dem Schweinebauch, den kleingeschnittenen Zwiebeln und etwas Salz, körniger Brühe und nicht zuviel Wasser ¾ Stunde kochen. Inzwischen die Kartoffeln schälen, in Scheiben oder Streifen schneiden und noch 15—20 Minuten leicht kochen lassen. Fett und Mehl leicht bräunen, mit der Brühe aufgießen, zum Gericht geben, gut durchrühren, abschmecken.

Hammelfleisch mit Kümmelsauce

1 kg Hammelfleisch (beliebiges, auch einfacheres Stück)
2 Möhren
½ Sellerie
1 Petersilienwurzel
1—2 Stangen Porree
2 Zwiebeln
1 Knoblauchzehe
Stückchen Lorbeerblatt
einige Wacholderbeeren, Senf- und Pfefferkörner
Salz
1 TL körnige Brühe oder 1 Bouillonwürfel
1—2 EL Kümmel
1 EL Mehl
50 g Fett
evtl. einige EL süße Sahne

Das Fleisch mit allen Gewürzen zum Kochen aufsetzen und bei milder Hitze schmoren. Nach ca. 1½ Stunden mit Fett und Mehl hellbraune Mehlschwitze zubereiten, mit dem Kochwasser ablöschen, den Kümmel einschütten und noch ca. 15 Minuten kochen. Die Sauce wird delikater, wenn man noch süße Sahne zufügt. Kartoffelbrei dazu.

Rügenwalder Teewurst mit Schmantkartoffeln

1 kg Pellkartoffeln
100 g fetter oder magerer Speck
1 Zwiebel
1 EL Mehl
4 EL saure Sahne
1 Msp Majoran
Salz
Pfeffer
50 g Butter
je Portion ungefähr 100—150 g Teewurst

Die Pellkartoffeln heiß schälen und in Scheiben schneiden. Speck und Zwiebeln würfeln, Mehl zugeben, mit Bouillon ablöschen, 8 Minuten leicht kochen lassen und dann mit Salz, Pfeffer, Majoran, Sahne und der in der Pfanne gebräunten Butter glattrühren. Darin die Kartoffeln mindestens 10—15 Minuten stehenlassen. (Nach meiner Erfahrung wird das Gericht noch besser, wenn man die Kartoffeln roh in Scheiben geschnitten in die Sauce gibt und gerade eben kochen läßt. Sie schmecken dann besonders lecker.) Die Teewurst (feine Mettwurst) in fingerdicke Scheiben schneiden und um die Kartoffeln anrichten.

Mecklenburger Gänsebraten

1 mittelgroße Gans
Salz
1 Prise Pfeffer

Für die Füllung:
400 g Äpfel
250 g Backpflaumen
1—2 EL Zucker
1—4 EL geriebenes Schwarzbrot

Zum Mecklenburger Gänsebraten trennt man Beine und Flügel ab. Das sauber hergerichtete Geflügel wird innen und außen eingesalzen, eventuell auch noch mit Petersilie bestreut. Die vorgeweichten Backpflaumen entsteinen, mit den Apfelstückchen, Zucker und so viel Schwarzbrot, wie man mag (kann auch fortbleiben), füllen und zunähen. Dann in der Bratreine in den Backofen schieben, immer wieder übergießen, in den letzten 10 Minuten mit einem Schuß kaltem Wasser schrecken, damit die Kruste besonders knusprig wird. Das »Ingedühm« (die Füllung nämlich) wird neben den tranchierten Braten gelegt.

Gänseklein auf Stettiner Art

Dazu gehören Beine und Flügel, Hals, Leber, Herz und Magen der Gans
50 g Butter oder Gänsefett
2 Zwiebeln
2 EL Mehl
Salz
Pfeffer
1 TL Thymian
250—500 g verschiedene Gemüse: Sellerie, Möhren, Petersilienwurzel, Kohlrabi,
1 Bund Petersilie

Hier wird das Gänseklein mit den verschiedenen kleingeschnittenen Gemüsen zusammen zubereitet. Man nimmt dazu auch kein Gänseblut und nennt daher das Gericht Gänse-*weiß*-sauer, im Gegensatz zu Gänse-*schwarz*-sauer, zu dem Gänseblut gehört. Man kann die Schwarzsauer-Gerichte eigentlich nur dort zubereiten, wo man die Gänse selbst schlachtet und nicht fertig kauft.
Das Fleisch gründlich waschen, in leichtem Salzwasser weich kochen. In Gänsefett oder Butter das Mehl sowie die feingehackten Zwiebeln bräunen, mit Kochbrühe aufgießen, zum Fleisch geben und nun das in Streifen geschnittene Gemüse mit dem Fleisch gar kochen. Kräftig abschmecken. Dazu gehören Kartoffeln.

Gebratenes Gänseweißsauer

1 mittelgroße Gans
Gewürze wie im vorstehenden Rezept
2—3 EL Essig
Zucker
Butter
Mehl

Man schneidet die Gans in Portionsstücke und kocht sie mit den Gewürzen und Suppengemüse nicht zu weich, würzt zuletzt die durchgeseihte Brühe mit Essig und einer Prise Zucker. Im Steintopf kühl stellen. Zur Mahlzeit nimmt man für jeden ein Stück heraus und gibt Bratkartoffeln dazu oder legt die benötigten Stücke auf ein Sieb, daß sie abtropfen, gibt auf einen Teller reichlich Zucker, wendet darin jedes einzelne Stück und brät sie nebeneinandergelegt in reichlich Butter knusprig braun. Dieser Sauce gibt man dann von der geleeartigen Brühe zu, fügt noch ein wenig Mehl hinzu, schmeckt kräftig ab und gießt die Sauce über die auf einer heißen Platte angerichteten Gänseteile.

Gänseklein auf mecklenburgische Art

1 Gänseklein wie im vorletzten Rezept
2 Zwiebeln
40 g Fett
2 EL Mehl
1 Bouillonwürfel
Pfeffer
500 g altbackenes Weißbrot
1 Ei
$^3/_8$—$^1/_2$ l Milch
1 EL feingewiegte Petersilie

Gänseklein wie im vorletzten Rezept, jedoch ohne die Gemüse, zubereiten und gut würzen. Das feingeschnittene Weißbrot in eine Schüssel geben, Salz überstreuen und die heiße Milch darübergießen, gut umrühren, dann Petersilie und Ei zugeben, kleine Klößchen aus der Masse formen und in Salzwasser gar ziehen lassen. Zum Gänseklein geben und damit servieren.

Gänseklein mit weißen Rüben

Dem Gänseklein auf mecklenburgische Art fügt man 500 g in Achtel geschnittene weiße Rüben zu, sobald die Sauce zubereitet ist, und läßt sie darin 15 Minuten weich kochen.

Gänseschwarzsauer auf pommersche Art

Das Blut der frisch geschlachteten Gans, das mit 1 EL Essig verrührt und einige Minuten glattgeschlagen wird, damit es nicht stockt
1 Gänseklein
Suppengemüse
50—100 g Pfefferkuchen
Nelken
Wacholderbeeren
Senf- und Pfefferkörner
Lorbeerblatt
Salz
Pfeffer

Das Gänseklein mit den Gewürzen weich kochen. Fleisch herausnehmen, Brühe durchseihen. Darin nun 50—100 g geriebenen dunklen Pfefferkuchen 20 Minuten leicht kochen lassen, dann das Gänseblut zugeben, aufkochen und über das in einer Schüssel angerichtete Gänseklein geben. Kartoffelklöße in beliebiger Art dazu servieren.

Pommersche Gänsebrust — kalt serviert

Die Brust der Gänse wird aufgehoben und dann abends in dünne Scheiben geschnitten zu Brot serviert. Man kann Mayonnaise, Sauce, Remouladensauce usw. dazu geben.

Pommersche Spickgans

Die »Spickgans« ist die geräucherte Gänsebrust, für die beinahe jede Familie ihre eigene Art der Zubereitung, vor allem des Räucherns, hat. Die fertig gerupfte, gesengte, bratfertige Gans nimmt man und löst sorgfältig die beiden Bruststücke von den Knochen. Leicht einsalzen, pfeffern, einen Hauch Zucker und etwas Salpeter zum Konservieren zugeben und in eine Schüssel legen. Täglich umwenden, eine Woche lang. Das noch anhaftende Salz wird mit einem Tuch weggenommen und nun die Spickgans geräuchert: Buchenholz mit Wacholderzweigen und etwas Torfmull dazwischen ergibt den feinsten Rauch. Man räuchert 2—3mal. So wird die Spickgans serviert: zu Rosenkohl, Brat- oder Pellkartoffeln, mit Buttersauce oder auf gebutterte Brote.

Gänsekeulen gepökelt auf pommersche Art

2 Gänsekeulen
½ TL körnige Brühe

Als Beilage:
Sauerkraut, Grünkohl, Erbspüree, Kartoffelbrei

Die gut gewaschenen Keulen mit körniger Brühe in so viel Wasser, daß sie eben bedeckt sind, weich kochen, zu Gemüsen und Kartoffeln reichen.

Geriebener Gänsemagen

2—3 Gänsemägen
1—2 Zwiebeln
etwas Weinessig
etwas geriebener Thymian

Die gepökelten Gänsemägen fein reiben (oder einfach durch die Maschine drehen). Zwiebeln sehr fein wiegen, alles mit Thymian und Essig abschmecken, aufs Brot oder zu Pellkartoffeln.

Pommerscher Kaviar

Darmfett von 1 Gans
Salz
Pfeffer
Majoran

Das Fett zwei Tage in Wasser legen, dann abgießen und ca. 10—15 Minuten weich rühren. Würzen, als Brotaufstrich verwenden. Sieht sehr einfach aus — schmeckt vortrefflich!

Fische aus Ostsee und Oder

Mecklenburg und Pommern sind nicht nur Länder mit fruchtbarem Boden, sondern auch mit fischreichen Gewässern und Küsten. Das ist im Magenfahrplan immer wieder zu spüren. So fangen wir gleich an mit einer lekkeren

Pommerschen Fischsuppe

1—1½ kg Fisch
150 g magerer Speck
2 Zwiebeln
2 EL Mehl
3 EL geriebener Meerrettich
⅛ l saure Sahne
750 g Kartoffeln
Salz
1 Bund Petersilie

Für den Fischsud:
1 Bund Suppengrün
1 Zwiebel
1 Lorbeerblatt
1 Gewürznelke
Pfefferkörner

Schweine-Sauerfleisch mit rohen Klößen
(Rezepte S. 65 und 239) ▷

Die Zutaten zum Fischsud aufsetzen und 15 Minuten kochen. Dann die sauber geputzten, in Stücke geschnittenen Fische einlegen und 10—15 Minuten gar ziehen lassen.
In den Speckwürfeln die Zwiebelscheibchen glasig dünsten, Mehl zufügen, leicht bräunen, mit Fischsud auffüllen, 15 Minuten kochen, durchs Sieb streichen, dann Meerrettich und Sahne, die gesondert gekochten, in Würfel geschnittenen Kartoffeln zufügen, pikant abschmecken. Die in mundgerechte Bissen zerteilten Fische wieder in die Suppe geben und in der Terrine mit gehackter Petersilie anrichten. Ein sehr sättigendes und wohlschmeckendes Gericht.

Tuckeraal auf pommersche Art

1—2 Aale, zusammen ca. 750 g schwer
insgesamt 400 g Möhren, Petersilienwurzeln, Porree und Zwiebel
750 g Kartoffeln
1 EL Mehl
1 Bund Petersilie
50 g Butter
etwas körnige Brühe

Aal abziehen, in halbfingerlange Stücke teilen, ausnehmen, waschen, im Topf nebeneinanderlegen und ungefähr 10 Minuten mit wenig Salz kochen. Währenddem in der heißen Butter die zerkleinerten Gemüse bräunen, mit Mehl überpudern. Kochbrühe langsam zugießen und die gewürfelten rohen Kartoffeln einlegen. 15 Minuten gar kochen. Dann die Aalstücke darin noch einige Minuten mitdämpfen. Auf einer Platte in der Mitte den Aal, rings die Gemüse anrichten. Mit Petersilie bestreuen.

◁ *Berliner Leber* (Rezept S. 111)

Zander auf pommersche Art

1—1½ kg kleine Zander
50 g Butter
1 EL Mehl
Salz
4 dünne Scheiben magerer Speck
750 g Kartoffeln

Die sauber geputzten, geschuppten, ausgenommenen und gewaschenen Zander salzen, mehlen und in heißer Butter braten. Dazu gehören Sauerkraut mit Speckscheiben und Kartoffelbrei.

Eingelegte Heringe auf Mecklenburger Art

1 kg Salzheringe
1 l Magermilch
3 Zwiebeln
1 Lorbeerblatt
1 Prise Thymian
Pfefferkörner
3 EL Quark
Weinessig
1 Prise Muskat
¼ l Buttermilch

Kopf und Schwanz der Heringe abschneiden, möglichst auch ausnehmen, gründlich waschen, mit der Heringsmilch über Nacht in Wasser und dann noch einige Stunden in Magermilch legen. Abtrocknen, abwechselnd mit Zwiebelringen, Lorbeerstückchen und Gewürzen in einen Steintopf schichten. Die Heringsmilch mit Quark verrühren, mit Essig und Muskat abschmecken und mit so viel Buttermilch mischen, daß die Sauce über die Heringe reicht. Einige Tage zugedeckt kühl stellen. Pellkartoffeln und Salate dazu reichen.

Heringsklopse mit Senfsauce

4 Salzheringe, einen Tag gewässert
4 Semmeln oder ca. 150 g Weißbrot
250 g gekochte Kartoffeln
1 EL Kapern
1 Bund Petersilie
1 Ei
Butter
1 EL Mehl
3/8 l Bouillon
1 EL Senf
2 EL Weinessig
1 TL Zucker
etwas Salz

Die gewässerten Heringe entgräten, abziehen, die Semmeln in Wasser oder Milch einweichen, ausdrücken. Mit den kleingeschnittenen Zwiebeln und den gekochten Kartoffeln sowie den Kapern alles durch die Maschine geben, dann mit Ei und gewiegter Petersilie zu einer mittelfesten Masse mischen. Kleine Klopse mit bemehlten Händen formen und allseitig in heißer Butter bräunen. Für die Sauce in der heißen Butter das Mehl mittelbraun dämpfen, mit Bouillon auffüllen. Die Sauce 8 Minuten kochen und dann Senf, Weinessig, Zucker und Salz unterrühren. Kartoffelbrei dazu.

Heringssauce zu Klößen oder Pellkartoffeln

1 mittelgroßer Salzhering
30 g Butter
1 EL Mehl
1 TL körnige Brühe
1 EL Zitronensaft
1 TL Zucker
1 TL Kapern

In der heißen Butter das Mehl leicht bräunen, den gewässerten, entgräteten Salzhering fein zerkleinern, zur Schwitze geben, mit Bouillon aufgießen, würzen, 10 Minuten kochen.

Weißweinsauce zu Fischgerichten

80 g Butter
1 EL Mehl
¼ l Fischsud
⅛ l Weißwein
⅛ l Bouillon
1 Hauch Muskatnuß
frisch gemahlener Pfeffer
wenig Salz
ca. 40 g Butter
1 Eigelb
1 EL Zitronensaft

Aus Butter, Mehl und Fischsud eine helle Mehlschwitze herstellen, mit Weißwein und Bouillon auffüllen und 10 Minuten kochen lassen. Zum Schluß würzen und mit Zitronensaft, einem Stückchen Butter und Eigelb legieren.

Pastetchen von Hecht auf Stettiner Art

4 fertige Blätterteig-Pastetchen aus der Bäckerei
250 g Hecht
1 Prise Salz
½ Zwiebel
1—2 Schalotten
1 EL Mehl
1—2 EL Krebsbutter
1 Hauch Muskatblüte
2 EL gedünstete Champignons
Butter

Entweder nimmt man ein kleines Stück Hecht und kocht es mit Salz und Zwiebel weich, oder man verwendet einen übriggebliebenen Rest. Jedenfalls muß der Fisch sehr sorgfältig entgrätet werden. Die feingeschnittenen Schalotten in heißer Butter mit dem Mehl glasig dünsten, mit Bouillon, Krebsbutter und Muskatblüte versetzen, das zerkleinerte Hechtfleisch und die Champignons zugeben und alles dick einkochen, dann in die aufgebakkenen Pastetchen füllen und als Vorspeise reichen.

Merlan, gefüllt und gebacken

Die ca. 30 cm großen Merlane schmecken nicht nur gut, sondern sind auch sehr leicht verdaulich.

Je Portion 1 ca. 30 cm langer Merlan
250 g Champignons
1 Bund Petersilie
40 g Butter
1 EL Paniermehl
½ Zitrone
Weißweinsauce (siehe Seite 164)

Kiemen abschneiden, waschen, ausnehmen, waschen, filetieren und nebeneinander auf eine Platte legen. Jede Innenseite mit etwas Füllmasse aus Champignons und gewiegten Kräutern, vermischt mit etwas Paniermehl, belegen. Die Filets vom Schwanz her einrollen und nebeneinander in eine feuerfeste, gebutterte Form setzen. Auf jedes Röllchen einen Champignon stecken. Weißweinsauce eingießen, die Filets mit zergangener Butter begießen und 10 Minuten im mittelheißen Ofen garen. Zitronenscheibchen und gewiegte Petersilie als Garnitur.

Wels in Kräutersauce

1 kg Wels
Salz
Zitronensaft

Für den Fischsud:
einige Dillstengel, Petersilienwurzeln
1 Zwiebel
3 Pfefferkörner
½ TL Salz
⅜ l Weißwein

Für die Sauce:
50 g Butter
2 EL Mehl
1 Eigelb
4 EL Sahne
40 g Butter
je 2 EL feingewiegte Petersilie und Dill
1 Prise Salz
1—2 EL Zitronensaft

Alle Zutaten zum Fischsud 5 Minuten leicht kochen lassen, dann den gewaschenen, in Stücke geschnittenen Fisch einlegen, aufkochen, ca. 8—10 Minuten gar ziehen lassen. Die Fischbrühe durchseihen, Mehl mit der Butter verkneten und zum Fischsud geben, unter Rühren Eigelb und Sahne zufügen, unter ständigem Rühren noch ein Stück Butter unterziehen, die Sauce mit Zitronensaft, einer Prise Salz abschmecken, Kräuter zumischen und dann die Fischstücke in der leckeren Sauce servieren.

Weißkohl auf mecklenburgische Art

8 große Weißkohlblätter
½ l Bouillon
40 g Butter
etwas Muskat
1 EL Kartoffelmehl bzw. Mondamin

Für die Füllung:
300 g durchgedrehtes Schweinefleisch
60 g Butter
3 Brötchen
2 Eier
Salz
Muskat
etwas abgeriebene Zitronenschale

Den Weißkohlblättern die starken Rippen ausschneiden und in einer Schüssel mit kochendem Wasser übergießen.
Die in feine Scheiben geschnittenen Semmeln mit kaltem Wasser übergießen, abschütten, ausdrücken, mit Fleisch und Gewürzen sowie der geschmeidig gerührten Butter vermischen und in jedes Weißkohlblatt von der Fülle einstreichen, die Blätter rechts und links etwas über die Fülle einschlagen und zusammenrollen. Mit Faden festbinden. In einer hohen Pfanne die Butter zerlassen, die Weißkohlrouladen einlegen, ¼ l Bouillon zugießen und darin die Rouladen bei mittlerer Hitze ca. 40 Minuten zugedeckt kochen. Die Sauce mit dem Kartoffelmehl binden, abschmecken.

Mecklenburger Sauerkraut zur Schlachteplatte

750 g Sauerkraut
2 Äpfel
2 Zwiebeln
50 g Schweinefett

Die feingeschnittenen Zwiebeln im heißen Fett glasig dünsten, das Sauerkraut locker einstreuen, die feingeraffelten Äpfel untermengen, 15—20 Minuten dämpfen.

Linsen nach Mecklenburger Art

250 g Linsen
1 Stange Porree
¼ Sellerie
250 g mageren Speck
2—3 Zwiebeln
20 g Butter
1 EL Mehl
¾ l Bouillon
etwas Salz
Pfeffer

Die abends eingeweichten Linsen morgens auf das Haarsieb schütten und mit neuem Wasser und Bouillon zum Kochen aufsetzen. Nach einer Stunde den kleingeschnittenen Porree und Sellerie zu den Linsen geben. Speck und Zwiebeln in feine Scheibchen schneiden, in der heißen Butter hell anschwitzen, mit Mehl verrühren und mit Bouillon aufgießen. Mit Salz, Pfeffer und Essig abschmekken und zu den Linsen geben. Noch ca. 20 Minuten kochen.

Pommersche Tollatschen

6—10 Semmeln
5 EL Mehl
3 EL Zucker
1 Prise Salz
2—3 EL Rosinen
2 EL Korinthen
3 EL Grieben
1 TL Anis
frisches Schweineblut
Wurstbrühe oder Bouillon

Brötchen in Wasser einweichen, mit frischem Schweineblut, dem Mehl und allen anderen Zutaten zu einer festen Masse verarbeiten. Mit bemehlten Händen daraus Klöße formen und in der Wurstbrühe (in der schon die Grütz- und Blutwurst kochte) ebenfalls kochen. Hat man sie nicht, nimmt man Bouillon.
Sobald die Tollatschen erkaltet sind, werden sie entweder gleich gegessen oder in Scheiben geschnitten und in Fett gebraten.

Ost- und Westpreußen

Als Kind aufgenommene Eindrücke bleiben oft ein Leben lang haften. Im Zimmer meiner Großmutter stand auf der schönen Biedermeier-Kommode eine Flasche, die mich stark beschäftigte und sehr anzog. Immer wieder bat ich darum, die Flasche nehmen und bewegen zu dürfen. Der leichte Goldglanz in der Flasche verstärkte sich dann. Schimmernde hauchzarte Blättchen vollführten einen für mich geheimnisvollen Reigen. Freilich leerte sich der Inhalt dieser Flasche nach und nach, aber es dauerte nicht lange, und wieder stand eine volle Flasche mit Danziger Goldwasser da, von der ältesten in Ostpreußen verheirateten Tochter mit schöner Regelmäßigkeit geschickt. Auch Thorner Kathrinchen, Danziger Kaffeebrot und Königsberger Marzipan fand sich in den Paketen, die ich allzugern auspacken half. Und so sind es köstliche Genüsse, die sich für mich zuerst mit Ost- und Westpreußen verbanden. Später kamen die Erzählungen hinzu: von dem reichen Frühstück in Herrenhäusern mit selbstgeräuchertem Landschinken, delikater hausgemachter Wurst, selbstgebackenem Brot mit Lötzener Butter, Tilsiter Käse und nicht zu vergessen dem ostpreußischen Korn.

Elchragout in Rotwein, eingelegte masurische Maränen, geräucherte Schupinis, Königsberger Klopse und Königsberger Rinderfleck wurden genannt und der Unterschied

zwischen Königsberger und Lübecker Marzipan erörtert. Das Lübecker Marzipan wird mit Orangenblütenwasser, das Königsberger Marzipan dagegen mit wenigen Bittermandeln und Rosenwasser hergestellt.
Die Trinkfreude und Tafelfestigkeit wurde aber gern mit jener Anekdote dargestellt, wonach der festfreudige Dichter Sudermann nach durchfeierter Nacht seinem Kater so zu Leibe rückte: Er ließ sich einen Teller dampfendheißer Kaldaunen, nämlich Königsberger Kutteln, servieren, die er mit so viel Pfeffer überschüttete, daß der zwischen den Zähnen knirschende Pfeffersatz noch lange zu hören war.

Suppen

Ostpreußische Schmantsuppe

250 g Backpflaumen
250 g Mehl
1—2 Eier
1 Prise Salz
¼ l saure Sahne (Schmant)
2 EL Rüben- oder Apfelsirup

Backpflaumen abends einweichen, dann mit ca. 1½ l Wasser langsam weich kochen. Mit dem Schaumlöffel die Pflaumen herausnehmen, die Kochbrühe mit Sirup und 1 Msp Salz glattrühren. In der sauren Sahne 1 EL Mehl glattrühren, unter ständigem Rühren in die Brühe laufen lassen und kochen. Dabei darf die Sahne nicht gerinnen — also nicht zu stark erhitzen!
Dann vom Feuer nehmen, Mehl, Eier, Salz mit wenig Wasser zu mittelfestem Teig kneten, kleine Stückchen mit dem Löffel abnehmen und in die wieder siedende

Suppe geben. 15 Minuten sieden lassen. Jetzt erst die Pflaumen wieder zugeben, durchrühren und servieren. Die Suppe wird auch »Jeeljich« — gelblich genannt.

Oster-Schmant-Suppe

Alle Zutaten vom vorstehenden Rezept, dazu noch ½ Kalbskopf
eventuell geräucherter Schinken

Auf dem Lande wurde oft ein Kalb zu Ostern geschlachtet. Dann kochte man den Kalbskopf ab und löste das Fleisch aus, schnitt es klein und gab es in die Schmantsuppe. Man nahm dann die Kalbskopfbrühe zur Zubereitung der Suppe.
Auch ein Stück geräucherter Schinken schadet der Schmantsuppe nicht. Man kann es hier halten, wie man will — und mit dem, was man hat!

Klunkermus

Ein einfaches Abendessen, das in Familien mit Kindern gern gegessen wird: Milchsuppe mit Mehlklößchen.

1—1½ l Milch
1 Prise Salz
2—3 EL Zucker
1 Stückchen Zimt oder Vanillestange
2 EL Kartoffelmehl oder Mondamin
1 EL Weizenmehl

Milch mit Salz, Zucker, Zimt oder Vanille aufkochen. Inzwischen Stärke und Mehl mit Wasser oder Milch glattrühren, in die kochende Milch unter Rühren einlaufen lassen und einige Minuten kochen.

Mehlklößchen zum Klunkermus

50 g Butter
1 Ei
1 Eigelb
1 Hauch Muskat
Salz
so viel Mehl, wie die Masse aufnehmen kann

Butter schaumig rühren, Ei und Eigelb, Salz, Muskat und soviel Mehl wie nötig zugeben. Man kann auch 2—3 EL Milch zugeben. Mit kleinem Löffel Klöße abstechen und in der Milchsuppe langsam gar ziehen lassen.

Klunkermus, fein

1½ l Milch
2 Eigelb
1½ EL Mondamin
das Abgeriebene von ½ Zitrone
2—3 feingeriebene, bittere Mandeln
1 Prise Salz

1 l Milch zum Kochen aufstellen. Die restliche Milch, Mondamin, Eigelb, Zitronenschale und Mandeln vermischen, in die warme Milch geben und unter ständigem Rühren aufkochen.
Für die Klöße nimmt man die Zutaten vom vorstehenden Rezept, einige geriebene süße Mandeln, 1 Ei, vermengt alles gut und sticht wiederum Klößchen ab.

Klunkermus auf Königsberger Art

2 l Milch
40 g Butter
1 Prise Salz
2 Eier
125 g Mehl

Aus Mehl, ¼ l Milch, Eiern, Salz nicht zu dünnen Teig rühren, den man durch einen Durchschlag — Sieb — in die kochende Milch gießt. Mit Butter abrühren und dazu Zucker und Zimt gesondert reichen.

Schaumklößchen zum Klunkermus

Eischnee mit 1 Prise Salz sehr steif schlagen, mit dem Löffel Klößchen abstechen und auf die Milchsuppe setzen und diese ca. 3—4 Minuten zugedeckt stehenlassen, damit die Schneeklößchen garen.

Grützsuppe

200 g Gerstengrütze
2 l Wasser
30 g Butter
Salz
250 g Backpflaumen

Die Grütze mit dem kalten Wasser übergießen, 1 Stunde bei lindem Feuer kochen. Durchpassieren, mit Butter und Salz abschmecken und dazu Backpflaumenkompott geben.

Kürbissuppe

750 g Kürbis
¼ l Wasser
1½ l Milch
80 g Reis
einige Bittermandeln oder etwas Bittermandelaroma
1 Prise Salz
2—3 EL Zucker

Im Wasser den in Stücke geschnittenen Kürbis weich dämpfen, durch die Maschine geben, dann die Milch zugießen, aufkochen, Reis einschütten und noch 10 bis 15 Minuten leicht kochen lassen. Mit Salz, Zucker und Mandelaroma abschmecken.
Man kann Kartoffel- oder auch Mehlklöße aus Roggenmehl dazu reichen.

Pflaumensuppe nach Memelart

250 g Gerstengrütze
30 g Butter
1 EL Zucker
500 g Pflaumen
250 g Sultaninen

Die Grütze mit 2½ l Wasser eine halbe Stunde kochen, dann Butter, Zucker, die entkernten Pflaumen und nach einigen Minuten die Sultaninen zugeben und noch alles zusammen ca. 20 Minuten leicht kochen.

Rote-Rüben-Suppe

500 g rote Rüben
375 g Rindfleisch
1—2 Markknochen
½ Lorbeerblatt
einige Wacholderbeeren
Senf- und Pfefferkörner
½ TL Majoran
1 EL Mehl
⅛—¼ l saure Sahne
1 EL Weinessig
1 TL Zucker
750 g Kartoffeln

Die roten Rüben sauber waschen und weich kochen. Etwas abkühlen lassen und dann schälen. Rindfleisch, Knochen und Gewürze gesondert kochen und dann die Brühe durchseihen und wieder aufsetzen. Mehl mit Sahne verrühren und zur kochenden Bouillon geben. Inzwischen die roten Rüben durch den Fleischwolf drehen und mit Essig bespritzen, damit die Farbe nicht ausbleicht. Erst vor dem Anrichten die roten Rüben in die Bouillon geben, mit Zucker und Essig würzen, erhitzen, und etwas fette Bouillon noch dazugeben. Man serviert mit dem in Scheiben geschnittenen Fleisch, Senf, Salzkartoffeln.

Saure Grütze

250 g Gerstengrütze
1 l Wasser
1½ l Milch
½ l saure Milch
2 EL saure Sahne
1 Prise Salz

Im Wasser die Grütze weich kochen, Milch und 1 Prise Salz zugießen, aufkochen und Suppe in die Terrine geben. Nun die saure Milch und die saure Sahne zugießen, umrühren. Schmeckt heiß oder kalt.

Borschtsch auf ostpreußische Art

2 mittelgroße rote Rüben
½ mittelgroßer Kohlkopf
400—500 g Rinderbrust, dazu noch ein mageres Stück Rindfleisch (ca. 750—1000 g)
1—2 mittelgroße Zwiebeln
3 Tomaten
3 Knoblauchzehen
1 Bund Petersilie
½ TL Paprika
1 Prise Zucker
Salz
Pfeffer
Saft von 1—2 Zitronen
⅛ l saure Sahne
1 Lorbeerblatt

Das Fleisch in siedendes Wasser geben und zugedeckt 1 Stunde leicht kochen. Kohl und Zwiebeln fein schneiden, rote Rüben und enthäutete, entkernte Tomaten würfeln und mit allen Gewürzen und Zitronensaft zur Suppe geben. Noch gut 1 Stunde kochen. Die Rinderbrust würfeln, das andere Fleisch in Portionsstücke teilen, mit der sauren Sahne zuletzt vermischen. Bei Salz, Pfeffer und Zucker kann man keine genauen Angaben machen, denn hier richtet sich die Menge nach der Gewohnheit der einzelnen Familie, milder oder stärker zu würzen. Die eine Hausfrau nimmt mehr Zucker und weniger Salz, die andere gibt nur einen Hauch Zucker zu und dafür reichlich Pfeffer.

Sauerkohlsuppe

375 g frische Schweine-rippchen
125 g geräucherter Bauchspeck
1 Stückchen Lorbeerblatt
einige Wacholderbeeren und Pfefferkörner
375 g Weißkohl
1 EL Mehl
⅛ l saure Sahne
1 TL Zucker
1 EL Weinessig
750 g neue Kartoffeln

Das ist ein richtiges Frühherbstgericht — wenn der erste junge Kohl und neue Kartoffeln da sind, denn damit schmeckt die Suppe ganz besonders gut.
Fleisch und Speck mit 1 l leicht gesalzenem Wasser zum Kochen bringen, abschäumen, Gewürze zugeben und nicht zu weich kochen. Den Weißkohl ganz fein aufschneiden und zur Suppe geben, Mehl mit der Sahne verrühren, zugeben, nach ca. 15 Minuten leicht kochen, dann mit Weinessig und etwas Zucker abschmecken. Pellkartoffeln dazu. Ein herzhaftes Gericht.

Schupinis-Schupenis

Ein gutes Winteressen, auch Fastnachts-Speise. Sie können sie prima vorbereiten, wenn Sie viele Gäste erwarten. Daher gilt dies Rezept für 6—8 Personen. Sie können statt des ganzen natürlich auch einen halben Schweinskopf nehmen und kommen damit für 4 Personen zurecht.

1 Schweinskopf, geräuchert
500 g getrocknete grüne oder gelbe Erbsen
2 Zwiebeln
½ TL Pfeffer
1½ kg Kartoffeln
Salz

Den sauber gewaschenen Schweinskopf mit den vorgeweichten Erbsen, den kleingeschnittenen Zwiebeln und dem Pfeffer bei milder Hitze weich kochen. Kein Salz zugeben, weil der Schweinskopf genügend Schärfe hat. Nach 1 Stunde in einem zweiten Topf die geschälten und geviertelten Kartoffeln mit Salzwasser weich kochen, abgießen, in den Suppentopf geben, Schweinskopf herausnehmen, Erbsen und Kartoffeln durchstampfen. Das Fleisch auslösen, kleinwürfelig schneiden, wieder zur Suppe geben und nun gut abschmecken.

Schupinis auf Memelart

½ Schweinskopf, geräuchert
250 g gelbe Erbsen oder
250 g weiße Bohnen
125 g Gerstengrütze
750 g Kartoffeln
Pfeffer

Den Schweinskopf separat weich kochen, herausnehmen, in der Brühe die vorgeweichten Hülsenfrüchte und die Grütze weich kochen, gleichzeitig Kartoffeln schälen, vierteln, in Salzwasser weich kochen, dann zur Suppe geben. Weiterverfahren wie im vorstehenden Rezept.

Ostpreußische Biersuppe

50 g Butter
2 EL Mehl
1 l dunkles Bier
etwas Salz
Pfeffer
½ TL Zimt
1 TL Zucker
ein Streifchen Zitronenschale
einige EL Milch
1 Eigelb
150 g Weißbrot
zum Rösten 30 g Butter

Aus Butter und Mehl mit einigen EL Wasser eine helle Schwitze herstellen, mit Bier glattrühren, die Gewürze zugeben und ca. 10—15 Minuten bei milder Hitze kochen, dann vom Herd nehmen, das mit der Milch glattgeschlagene Eigelb langsam unterrühren. Weißbrot in kleine Würfel schneiden, in der Butter bräunen und über die Suppe streuen.

Fleisch und Braten

Ostpreußischer Schmantschinken

Je Portion eine schöne, ca. 150—200 g schwere Scheibe geräucherter roher Schinken
½ l Milch
80 g Butter
⅛—¼ l saurer Schmant (Sahne)
1 EL Mehl
evtl. 3—4 EL Rotwein
1 Prise Salz
Pfeffer
750 g Kartoffeln
Kompott nach der Jahreszeit: im Frühjahr Rhabarberkompott, im Sommer Johannisbeer-, im Herbst und Winter Preiselbeerkompott

Die Schinkenscheiben vorsichtig klopfen (nicht aufreißen), in eine tiefe Schale mit Milch legen. Nach 2—3 Stunden herausnehmen, abtrocknen, in der heißen Butter auf beiden Seiten schön braun braten. Das Fleisch auf eine vorgewärmte Platte legen, die saure Sahne zu dem Bratenfond geben, das Mehl mit Wasser oder Wein verrühren, zufügen, einige Minuten kochen, mit Salz und Pfeffer abschmecken. Diese leckere Sauce über die Schinkenscheiben gießen, dazu die Salzkartoffeln und ein säuerliches Kompott servieren.

Schinken, gebraten nach Herrenart

4 Schinkenscheiben à 150—200 g
¼—⅜ l Sherry
2—3 EL Senf
3 EL brauner Zucker
1 Knoblauchzehe
Paprika nach Belieben
3 EL bestes kaltgepreßtes Öl

Die leicht geklopften Schinkenscheiben in die Beize aus Sherry und den anderen Zutaten geben, einige Male wenden, dann in heißem Öl anbraten, Beize zugeben, langsam noch 10 Minuten damit schmoren. Kartoffelpüree und Salatplatte oder feine Gemüse dazu.

Schweinslendchen im Topf mit Grütze

2 Schweinslendchen, in Scheiben geschnitten
2—3 enthäutete Tomaten
1 EL Mehl
30 g Butter
Salz
Paprika
3/8 l Bouillon oder Weißwein

Für die Grütze:
250 g Buchweizen- oder Gerstengrütze
40 g Butter
3/4 l Wasser und
3/4 l Milch
Salz

In die Wasser-Milch-Mischung die Grütze langsam einrühren, sobald sie zum Sieden kommt, dann bei ganz milder Hitze 30 Minuten quellen lassen. Die Lendenscheiben salzen, mit Paprika bestäuben, in heißer Butter anbraten. In der heißen Butter die kleingeschnittenen Tomaten dünsten, mit Mehl bestäuben, mit Bouillon oder Wein aufgießen. Die angebratenen Lendchen in dieser Tomatensauce fertigschmoren.
Dann die Grütze zubereiten: Auf den Boden einer vorgewärmten Platte die Grütze verteilen, die Lendenscheibchen dekorativ darauf verteilen, mit der Sauce übergießen und dazu in Scheiben geschnittene eingelegte Gürkchen servieren.

Roastbeef in Gelee

600—800 g zartrosa gebratenes Roastbeef, in nicht zu dünne Scheiben geschnitten
1—2 Möhren
½ rote und ½ grüne Paprikaschote
je ½ TL Basilikum und Thymian
1 TL Worcestersauce
Salz
Pfeffer
½—¾ l Bouillon, entfettet
12—15 Blatt Gelatine

Das in Scheiben geschnittene Roastbeef mit Salz, Pfeffer, Basilikum und Thymian gut einreiben und mit dem Buntmesser Möhren und Paprika in Scheiben und Streifen schneiden.
¼ l entfettete Bouillon erhitzen, die zuvor kurz in kaltem Wasser eingeweichte Gelatine zufügen, bis sie sich völlig gelöst hat, dann die restliche Bouillon und die Worcestersauce zugeben, abschmecken. Eine längliche Form mit etwas Gelatine ausgießen, Möhrenscheiben und Paprikastreifen in quadratischem oder anderem Muster auf den Boden als Garnitur, darauf die Roastbeefscheiben legen. Zuletzt die Gelatine, die schon fest zu werden beginnt, darübergießen. Im Kühlschrank erstarren lassen. Stürzen und entweder tortenartig oder in Rechtecke aufschneiden, mit Salat servieren.

Königsberger Klopse

Je 375 g durchgedrehtes Rind- und Schweinefleisch
½ l Bouillon
250 g altbackene Brötchen (ca. 7—8 Stück)
1 Zwiebel
1 EL Sardellenpaste oder 2 Sardellenfilets
Salz
Pfeffer
2 Eier
1—2 EL Kapern
einige EL süße Sahne
1 Eigelb zum Legieren
30 g Butter
1—2 EL Mehl

Die Brötchen einweichen und gut ausdrücken, dann zum bereits durchgedrehten Fleisch oder mit diesem in den Mixer geben. Sardellenpaste oder kleingehackte -filets, Salz, Pfeffer, Eier untermengen und kleinere Klöße formen. In ½ l Bouillon — auch Würfel — die Klöße gar ziehen, nicht kochen. Dann die Klöße herausnehmen. Mit der Kochbrühe, Butter, Mehl eine helle Sauce kochen, mit Eigelb und Sahne legieren, noch etwas Sardellenpaste und Kapern zufügen, mit Salz und Pfeffer abschmecken. In dieser Sauce die Klöße noch einige Minuten ziehen lassen. Mit Salzkartoffeln und Salaten zu Tisch bringen.

Königsberger Fleck

Früher war es in den Haushalten üblich, den Rindermagen und die Rinderdärme, die zu den Fleckgerichten verwendet werden, selbst gründlich zu waschen, zu bürsten und dann noch 24 Stunden in Kalkwasser zu legen, damit sie ganz bestimmt sauber waren. Heute kann man die Zutaten dafür abgekocht beim Metzger kaufen. Abgekocht heißt jedoch noch nicht weich gekocht. Wir werden also die Fleck schon noch aufsetzen und eine Weile garen müssen. Man rechnet für 4 Personen:

800—1000 g Rindermagen und Därme, vorgekocht
2 Zwiebeln
1 Stück Sellerie
1 Zweig Majoran oder
1 TL Majoranpulver
einige Gewürzkörner (Wacholderbeeren und Pfefferkörner)
Salz
1—2 Stangen Porree

Die Fleck klein schneiden und mit den Gewürzen zum Kochen aufsetzen. Bei sehr milder Hitze, je nachdem, wie weich die Fleck schon vorgekocht sind, noch 1 bis 3 Stunden kochen. Man kann zuletzt die Suppe mit etwas Weinessig oder mit Senf schärfen oder beides nehmen und noch pfeffern. Dazu gehört noch ein Stück Brot oder ein frisches, knuspriges Brötchen — und natürlich einige echte ostpreußische »Weiße«, nämlich klarer Kornschnaps.

Pfefferfleisch mit gestampften Kartoffeln

750 g mageres Rindfleisch
Salz
Pfeffer
1 EL Mehl
40 g Bratfett
400 g Zwiebeln
¼ l Bouillon
reichlich Pfeffer
750 g Kartoffeln
40 g Butter
⅜ l Milch

Das Fleisch in ungefähr 8 Scheiben schneiden, salzen, pfeffern, mehlen und im heißen Fett auf beiden Seiten gut anbraten. Im Bratentopf inzwischen die in Scheiben geschnittenen Zwiebeln hell bräunen, die Fleischstücke zugeben, mit Bouillon und Bratenfond auffüllen, pfeffern und ca. 45 Minuten leicht schmoren.
Kartoffeln in Salzwasser weich kochen, stampfen, mit heißer Milch und Butter vermengen und zum Fleisch servieren. Dazu Salate.

Ochsenschwanz-Eintopf auf ostpreußische Art

1 kg Ochsenschwanz, in Portionsstücke zerteilt
50 g Ochsenmark
250 g kleingeschnittenes Suppengemüse (Lauch, Zwiebel, Möhre, Petersilienwurzel, Sellerie, tiefgekühlt fix und fertig)
Salz
Pfeffer
250 g junge Möhren
750 g Kartoffeln
1 Bund Petersilie
3 EL saure Sahne

Ochsenmark klein schneiden und mit dem Suppengemüse leicht bräunen, das in Portionsstücke geschnittene Fleisch zugeben, ebenfalls etwas anbräunen und dann mit heißem Wasser aufgießen, würzen, zugedeckt 2 Stunden dämpfen. Fleisch herausnehmen.
Die verbleibende Brühe mit dem Suppengemüse pürieren, darin die in Scheiben geschnittenen Kartoffeln und Möhren bei milder Hitze dünsten. Nach 25 Minuten die feingewiegte Petersilie und das ausgelöste, in Scheiben oder Würfel geschnittene Fleisch und die saure Sahne zugeben. Würzen.

Danziger Handwerker-Essen

500 g Hammelfleisch
250 g Schweinefleisch
2 Zwiebeln
1 Knoblauchzehe
1 Prise Salz
Pfeffer
1 TL Majoran
80 g Fett
2 EL Mehl
3 enthäutete Tomaten
100 g Speck
250 g gemischte Pilze

Das Fleisch durchdrehen, mit den Gewürzen und den feingehackten Zwiebeln und Knoblauch mischen, eventuell 2—3 EL Wasser zugeben, damit sich die Masse gut kneten läßt, kleine Klöße formen und in Fett braten. Speckwürfel auslassen, Zwiebelwürfel zugeben, bräunen, mit Mehl bestäuben und unter Rühren ebenfalls bräunen, kleingewürfelte Tomaten zugeben, mit Bouillon aufgießen, die geputzten, in Scheiben geschnittenen Pilze zugeben und 5 Minuten bei milder Hitze kochen. Die Klöße in dieser Sauce ebenfalls 5 Minuten ziehen lassen. Mit Salzkartoffeln servieren.

Kalbsgulasch in Biersauce

750 g Kalbfleisch von der Schulter
1 Bund Suppengrün
½ l Bouillon
½ l dunkles Bier
½ Lorbeerblatt
einige Wacholderbeeren, Senf- und Pfefferkörner
1 Stück brauner Pfefferkuchen
Salz
Zucker
1 EL Zitronensaft

Das Kalbfleisch in größere Würfel schneiden, mit dem Suppengrün in Bouillon oder Wasser, dem Brühwürfel zugefügt wurden, nicht zu weich kochen, dann Bouillon passieren, zurück in den Topf geben, Bier, Lorbeerblatt und den zerkleinerten Pfefferkuchen zugeben und langsam bei geöffnetem Topf gute 15—20 Minuten kochen, passieren, darin dann das Fleisch nochmals ziehen lassen, mit Zucker, Salz, Zitronensaft abschmecken. Salzkartoffeln und Salate dazu.

Kalbsschnitzel auf Gutsherrenart

4 Kalbsschnitzel à 150 g
6 Scheiben Toastbrot
40 g Butter
1 EL Mehl
1 Bouillonwürfel
⅛ l Sahne
3 enthäutete Tomaten
200 g Steinpilze
1 grüne Paprikaschote
Salz
Pfeffer
Paprika

In 20 g Butter das Mehl anschwitzen, mit etwas Bouillon ablöschen, mit Salz, Pfeffer, Paprika würzen, zuletzt die saure Sahne untermischen. Die Schnitzel klopfen, würzen, in heißer Butter auf beiden Seiten braten. Inzwischen zur Sahnesauce noch die kleingeschnittenen Tomaten, Pilze, Paprikaschote geben und langsam schmoren — dann die Schnitzel mit dieser Sauce übergießen und die Platte mit den getoasteten, dreieckig geschnittenen Weißbrotscheiben belegen. Beliebige helle Salate oder Gemüse und Kartoffelpüree dazu servieren.

Geflügelgerichte

wurden mir viele für geschmorte und gebratene Hühner genannt. Auch der Gänsebraten oder die geschmorte Ente unterscheiden sich nicht sehr von der Zubereitungsart anderer Gebiete. Daher lasse ich sie hier weg und bringe nur einige Spezialitäten.

Küken-Ragout auf Danziger Art

Je Portion rechnet man
2 Küken, also 8 Küken für
4 Personen
1 Bund Suppengrün
40 g Butter
2 EL Mehl
¼ l Fleischbrühe
⅛ l süße Sahne
250 g Steinpilze
wenn möglich noch
gekochte Muscheln
200 g Krebsschwänze
Fleischklößchen von
300 g Hackfleisch
Salz
1 EL Zitronensaft

Die Küken tadellos rupfen, säubern, waschen; Kopf, Flügel, Beine entsprechend abschneiden. Mit Suppengrün in so viel Wasser, daß sie gerade eben bedeckt sind, aufsetzen und bei sehr milder Hitze garen.
Dann nimmt man die Küken aus der Brühe und stellt sie

warm. Währenddessen hat man die Steinpilze wie üblich gedünstet, Muscheln und Krebsschwänze (die man auch beide fortlassen kann) ebenfalls gedünstet, die Fleischbällchen geformt und kurz geschmort. Aus der Kochbrühe, etwas Zitronensaft, Mehl, Butter bereitet man nun eine pikante Sauce, die man eventuell noch etwas würzt und zu der man zuletzt die Sahne gibt. Pilze, Klößchen, Muscheln und Krebsschwänze gibt man jetzt in die Sauce und läßt alles noch kurz durchziehen. Die Küken richtet man auf einer großen Platte an und gibt das Ragout darüber.

Gans mit Kastanien gefüllt

1 mittelschwere Gans (ca. 5 kg)
500 g Maroni
1—2 Zwiebeln
40 g Butter
3—4 Äpfel oder die gehackte Gänseleber
Bratensauce oder Bouillon
1 Prise Salz
1 Prise Zucker

Die Maroni mit kochendem Wasser überbrühen, schälen und häuten. Die feingewiegten Zwiebeln in der Butter gelb schwitzen, dann die Maroni zugeben, ebenfalls einige Eßlöffel Bratensauce — aus dem Päckchen oder körnige Brühe mit Wasser —, salzen und etwas Zucker zufügen und 10 Minuten dämpfen. Inzwischen Äpfel schälen, Kernhaus herausnehmen, in feine Scheiben schneiden und unter die Maroni mischen. Anstelle der Äpfel kann man auch die gehackte Gänseleber unter die Maroni mischen.
Die sauber vorbereitete Gans innen und außen einsalzen, die Füllung nicht zu prall einfüllen, zunähen und in der Bratreine in den heißen Backofen stellen. Man gibt in die Reine nur etwas kochendes Wasser. Öfters mit dem austretenden Fett begießen.

Gänseleber mit Äpfeln und Zwiebeln

1—2 Gänselebern, die doppelte Menge Äpfel
2 Zwiebeln
40 g Butter
Salz
Pfeffer
1 EL Mehl

Die Gänseleber salzen, pfeffern, mehlen und in der Butter braten. Neben die Leber die Apfel- und Zwiebelscheiben legen und mitbraten. Die Leber auf einer Platte anrichten, darüber die Apfel- und Zwiebelscheiben legen. Kartoffelpüree dazu.

Westpreußisches Schwarzsauer von Gänseklein

Spitzflügel, Magen, Herz usw.
1 Lorbeerblatt
1 Zwiebel
Wacholderbeeren
Senf- und Pfefferkörner
500 g gemischtes Backobst aus Äpfeln, Birnen und Pflaumen
2 EL Essig
½ l Gänseblut
3 EL Mehl
1 Prise Salz
Zucker

Das Gänseklein mit den Gewürzen zum Kochen aufsetzen und bei milder Hitze weich kochen. Das Backobst in einem zweiten Topf mit Zucker und nicht zuviel Wasser dünsten. Sind das Klein- und das Backobst weich, gibt man beide Kochbrühen zusammen und fügt das mit dem Mehl vermischte Gänseblut dazu, aufkochen, mit Essig und Zucker abschmecken. Diese Brühe nennt man das Schwarzsauer. Man reicht Keilchen — Klöße — dazu, die man in das Backobst legt. Das Schwarzsauer gießt man darüber und serviert das Gänseklein auf einer eigenen Platte.

Kartoffelkeilchen — Kartoffelklöße

1 kg Kartoffeln	*etwas Wasser*
Salz	

Die roh geriebenen Kartoffeln werden gut ausgedrückt, gesalzen zu Klößen geformt und in siedendem Wasser gar gezogen.

Kartoffelkeilchen mit Specksauce

125 g Speck und 2 Zwiebeln würfeln, in 50 g Fett braten, über die frisch gekochten Klöße geben.

Ostpreußisches Entenragout

1 ganze Ente von ca. 2 kg	*etwas Salz*
¼ l Rotwein	*Pfeffer*
1 Glas Cognac	*Muskatnuß*
1 Zwiebel	*250 g frische Pilze*
1 Knoblauchzehe	*60 g Butter*

Die zerlegte Ente zuerst in Cognac, Wein, Zwiebel, der zerdrückten Knoblauchzehe, Salz, Pfeffer und etwas

Wasser einige Stunden beizen. Trockentupfen, die Stükke in Butter schön bräunen und dann in einen weiten Topf nebeneinanderlegen, mit der Beize übergießen und bei milder Hitze 30 Minuten schmoren. Dann die Pilze zugeben und nach weiteren 5—8 Minuten servieren.

Wild

Wildragout

1—1½ kg Wild (Hase, Hirsch, Reh oder Wildgeflügel)
¼ l Burgunder
⅛ l Essig
1 Msp getrockneter Rosmarin
¼ l saure Sahne
40 g Butter
Salz
Pfeffer
ca. ¼ l Bouillon
1 EL Mehl
etwas Zwiebel

Das Fleisch auslösen und in einen Steintopf schichten. Mit Salz, Pfeffer, Weinessig und etwas Wasser über Nacht beizen. Anderntags mit Zwiebel, etwas Rosmarin und Bouillon weich schmoren. Das Fleisch in schöne Stücke zerteilen. Butter und Mehl mit der Schmorflüssigkeit zu einer Sauce rühren, Wein und saure Sahne zugeben, abschmecken und darin das Wild noch kurz ziehen lassen.

Wildkeule in Schmant

1 Reh-, Hirsch- oder Elchkeule, soviel Buttermilch, daß sie bedeckt ist
60 g Butter
1 Bund Suppengrün
einige Wacholderbeeren
1 Bouillonwürfel
1 EL Mehl
1/8—1/4 l saure Sahne
100 g Speck

Die Fleischstücke in einen Steintopf legen und mit Buttermilch übergießen, so daß sie ganz bedeckt sind. Jeden Tag wenden. Nach 3 Tagen herausnehmen, abtrocknen, mit Speckfäden spicken, im Backofen in reichlich Butter mit Wacholderbeeren, Bouillon und Suppengrün unter öfterem Begießen braten. Den Fond mit Mehlbutter und saurer Sahne ablöschen, salzen und pfeffern. Dazu Rotkraut und Kartoffelpüree.

Wildschweinrücken

1 Wildschweinrücken (oder ein Stück davon)
Marinade aus Buttermilch, einigen Wacholderbeeren, Lorbeerblatt, Zwiebeln und Pfefferkörnern
1/4 l dunkles Bier
1/8 l saure Sahne
2 EL Johannisbeergelee
Salz
Pfeffer
Zitronensaft
1 Prise Zucker
1 EL Mehl

Den Rücken drei Tage in einer Marinade aus Milch, zerquetschten Wacholderbeeren, Lorbeerblatt, Suppengrün, Pfefferkörnern und kleingehackter Zwiebel wenden.
Nach dem Herausnehmen abtrocknen, in reichlich Fett im Backofen braten, mit etwas Marinade übergießen.

Den Bratenfond zuletzt mit dem Bier ablöschen, Marinade, saure Sahne und Mehl zufügen, 10 Minuten kochen, das Johannisbeergelee zugeben, passieren. Delikat abschmecken mit Salz, Zucker und Zitronensaft. Auch dazu gibt es Kartoffelpüree.

Fische

Ostpreußischer Karpfen auf polnische Art

1 schöner Karpfen, Größe nach Personenzahl
Pfeffer- und Senfkörner
Wacholderbeeren
1 Nelke
2—3 Zwiebeln
Suppengrün
Petersilie
Thymian
1 Lorbeerblatt
etwas Salz
1 Glas Rotwein
¼—½ l helles Bier
1 Stück Pfefferkuchen
1 Stück Schwarzbrot
je 60 g Mandeln und Rosinen
1 Prise Zucker
Weinessig
Butter

Den Karpfen schuppen, Flossen und Kiemen abschneiden, ausnehmen, längs teilen, in Portionsstücke schneiden und waschen. Breiten Topf buttern, kleingeschnittene Zwiebeln, Gewürze und Kräuter darauf verteilen, den Fisch Stück für Stück nebeneinanderlegen, Rogen und Milcher, Wein und Bier, Essig und etwas Zucker zugeben und zum Kochen bringen.
Inzwischen Brot und Pfefferkuchen reiben und auf den Karpfen legen. Sobald der Karpfen gar ist, die Stücke her-

ausnehmen, auf eine heiße Platte geben, die Sauce mit Butter abrunden, abschmecken und über den Fisch geben.
Mandeln und Sultaninen gesondert mit etwas Wasser, Zucker und Essig kochen und quer über den Fisch verteilen. Salzkartoffeln dazu.

Maränen, gebraten

Je Portion 1 kleine Maräne oder Renke	*Paniermehl*
Salz	*Ei*
Butter	*Mehl*
	Bratfett

Die geschuppten, ausgenommenen, gewaschenen, in Salz und Zitronensaft leicht marinierten Maränen werden in Mehl, verschlagenem Ei und Paniermehl gewendet, in heißem Fett gebacken und mit Mayonnaise oder Remouladensauce und Kartoffelsalat oder Kartoffelbrei serviert.

Maränen, gekocht

1 kg Maränen oder Renke	*100 g zerlassene Butter oder Holländische Sauce*
1 Bund Suppengrün	
Salz	

Das Suppengrün wird in Salzwasser 15 Minuten gekocht, dann der Fisch eingelegt und siedend gegart. Auf heißer Platte mit zerlassener Butter oder Holländischer Sauce und Salzkartoffeln servieren.

Maränen mit Schmantsauce

Je Portion 1 kleine Maräne oder Renke
Salz
Mehl
Butter

Für die Sauce:
40 g Butter
1 EL Mehl
1/4—3/4 l Bouillon
1/8 l saurer Schmant (Sahne)
Salz
Pfeffer
einige EL feingeschnittener Schnittlauch

Die Maränen wie für gebratene Maränen zubereiten. Buttersauce aus den angegebenen Zutaten rühren, zuletzt mit Salz, Pfeffer, Schnittlauch abrunden und zu den Maränen mit Pellkartoffeln reichen.

Maränen mit Krebssauce

Je Portion 1 Maräne oder Renke
Suppengrün
Salz
40 g Butter
1 EL Mehl
1 EL Krebsbutter
1/2 Glas Weißwein
einige EL saure Sahne
1 kleine Dose oder 125 g frische Krebsschwänze
125—250 g Steinpilze
Salz
etwas Zitronensaft

Die Maränen wie oben angegeben vorbereiten und kochen.
Aus Butter, Mehl und Kochwasser eine Sauce herstellen, die mit Krebsbutter, Sahne und Weißwein abgerundet wird. Die Steinpilze in Scheiben schneiden, gesondert mit etwas Butter dünsten, zu der Sauce geben, Krebsschwänze zufügen, abschmecken und alles über die angerichteten Fische geben. Sehr lecker.

Maränen mit Meerrettich

Zu dem gekochten Fisch — siehe oben — gibt man geriebenen Meerrettich aus dem Glas oder selbstgeriebenen, den man mit etwas Zitronensaft abschmeckt. Petersilienkartoffeln und frische oder zerlassene Butter dazu.

Dorsch oder Kabeljau in Petersiliensauce

1 kg Dorsch oder Kabeljau-Filet
Suppengrün
Petersilienwurzel
½ Lorbeerblatt
1 Zwiebel
50 g Butter
1 EL Mehl
¼ l Milch
reichlich gehackte Petersilie

In 20 g Butter Suppengrün, Zwiebel und Petersilienwurzel hell bräunen, 1 l Wasser zugeben, ebenso Lorbeerblatt, etwas Salz, und darin den Fisch 15 Minuten siedend gar ziehen, nicht kochen. Während dieser Zeit mit der restlichen Butter, Mehl, einem Teil der Fischbrühe und der Milch eine delikate Sauce herstellen, 5 Minuten kochen und zuletzt die Petersilie zugeben. In eine Schüssel den Fisch in Portionsstücken geben, mit der Sauce übergießen und mit Salzkartoffeln servieren.

Makrelen auf Danziger Art

2 Zwiebeln
6 enthäutete Tomaten
1 Bouillonwürfel
2 EL Weinessig
Salz
Pfeffer
etwas Mehl
Butter
1 kg Makrelen

In heißer Butter die feingeschnittenen Zwiebeln hell bräunen, die ebenfalls kleingeschnittenen Tomaten zugeben, mit Bouillonwürfel und heißem Wasser aufgießen, salzen, pfeffern und etwas Essig nach Geschmack zufügen. 15 Minuten kochen.
Die Makrelen putzen, waschen, salzen, in Mehl wenden und bei mittlerer Hitze in Butter braten. Man gibt sie dann in einen Steintopf, schichtet sie nebeneinander und gießt jede Schicht mit Marinade auf. Zugedeckt ein bis drei Tage marinieren. Mit etwas Sauce zu Kartoffelpüree oder gebratenen Kartoffeln und Salat servieren.

Danziger Lachs

ist eine Kostbarkeit. Mit Meerrettichsahne kommt er geräuchert (mit neuen Kartoffeln und zerlassener Butter) auf den Tisch.
Wir verwenden dünn in Scheiben geschnittenen Lachs, der sehr kalt sein soll.

¼ l steifgeschlagene, süße Sahne
5—6 gehäufte EL geriebener Meerrettich
Salz
Zucker
Pfeffer

Zuerst den Meerrettich reiben oder aus dem Glas bereitstellen. Sahne steif schlagen, mit Meerrettich und Gewürzen vermischen und mit Kartoffeln, Butter und dem Lachs servieren.

Geräucherter Lachs mit Gurkenscheiben

4 hauchdünn geschnittene Scheiben Räucherlachs
1 Gurke
1 Zitrone
Pfeffer aus der Mühle

Auf einer Platte die Gurkenscheiben auflegen, den Räucherlachs halb aufgeschlagen darauf verteilen, mit Zitronenachteln garnieren. Dazu Toast, Butter, Pfeffer.

Krebse auf ostpreußische Art

Lebende Krebse, Anzahl nach Wunsch
4 EL Kümmel
1 Bund Dill
etwas Salz
50 g Butter
¼ l saure Sahne

Die gutgesäuberten Krebse in das kochende gesalzene Wasser geben, dem schon die Hälfte des Dills und der Kümmel beigegeben wurden. Nur immer zwei einlegen, damit man nicht zuviel Brühe braucht. Das Wasser muß kochen, damit die Krebse sofort tot sind. Sobald sie rot geworden sind, in eine große Terrine legen, etwas Butter und ein wenig gehackten Dill zufügen, dann das kochende Wasser darüber und den Topf heiß stellen. Die Kochbrühe mit der sauren Sahne glattrühren. Dazu gibt es ein Glas Pilsner oder das ausgezeichnete Elbinger Bier. Man genießt abwechselnd »ein Krebssche und ein Löffelche Soß«.

Danziger Lachs — diesmal nicht der Fisch, sondern der delikate Likör — steht immer in Reichweite des Kaffeetisches. Vom Danziger Goldwasser sprachen wir schon, das Elbinger Bier wurde nebenher erwähnt, aber eine Spezialität von hohem Rang wollen wir noch kennenlernen:

Bärenfang – der köstliche Honigschnaps

In der Gegend von Memel wird der Bärenfang »Meschkinnis« genannt. Der Bärenfang schmeckt prächtig, aber er ist gefährlicher, als der Laie vermutet. Man kann ihn gut selbst ansetzen:

1 l 70%iger Alkohol
500—750 g Honig
ein paar Nelken

So viel Honig zum Alkohol in den Topf geben, wie sich darin löst. Es ist daher gut, wenn man den Honig erst nach und nach dem Alkohol zufügt. Kalt aufsetzen, aufkochen lassen, warm oder kalt servieren — oder selbst auf Flaschen ziehen —, dabei die Vorschriften für die Gärung in Spezialanweisungen der Apotheken beachten.

Königsberger Marzipan

500 g süße Mandeln
15 g bittere Mandeln
500 g feiner Zucker
100 g Rosenwasser

Am besten kaufen Sie alle Zutaten im Reformhaus, wo es das Rosenwasser in Fläschen zu kaufen gibt. Nehmen Sie die beste Sorte Mandeln, denn nur völlig einwandfreie lassen sich verwenden.
Die Mandeln brühen, schälen, schlechte Stellen ausschneiden, waschen, trocknen und 12 Stunden oder über Nacht auf einem Tuch liegenlassen. Dann auf der Mandelreibe mehlfein reiben, mit Zucker und Rosenwasser zu einer geschmeidigen, aber festen Masse kneten, die man noch ausrollen kann. Nicht das ganze Rosenwasser auf einmal, sondern nach und nach löffelweise zugeben. Das Backbrett mit feinem Zucker bestreuen. Das Marzipan in kleine Teile schneiden, mit dem Nudelholz, das ebenfalls mit Zucker bestreut wird, messerrückendick ausrollen und davon mit Gebäckförmchen kleine Figuren oder Kuchen ausschneiden. Soll der Rand des Marzipans besonders hübsch werden, rollt man einen Teil etwas dikker aus und umlegt die runden Formen damit, nachdem man die Streifchen mit Rosenwasser bestrichen hat. Mit dem Buntmesser leicht einkerben. Man legt das Marzipan auf trockenes Backpapier aufs Backblech und läßt es mit wenig Unterhitze (keine Oberhitze!) im Backofen leicht trocknen.

Pomeranzen-Punsch

Pomeranzen sind nicht einfach Orangen — sondern grüne, unreife, noch sehr aromatische Orangen. Man rechnet:

1 grüne Pomeranze
1 kleine Flasche Rotwein
3 Flaschen Rhein- oder Moselwein, je nachdem, ob man den Punsch herber oder süßer liebt
200 g Zucker
etwas Mineralwasser

In ein Bowlengefäß gibt man zunächst den ganzen Zukker und so viel Mineralwasser, daß er eben bedeckt ist und sich löst. Die Schale der Pomeranze wird ganz dünn abgeschält und in ein Glas gegeben, in das man so viel Mineralwasser gibt, daß die Schalen bedeckt sind. Zugedeckt ziehen lassen. Dann kommt der heiße Wein zum gelösten Zucker und zuletzt der Pomeranzenauszug. (Der Wein wird nur heiß gemacht, aber vor dem Sieden vom Feuer genommen. Er verliert sonst Blume und Feuer.)

Danziger Goldwasser-Gelee

¼ l Danziger Goldwasser
1 Zitrone
125 g Zucker
gut ½ l Wasser
¼ l Weißwein
12 Blatt Gelatine
60 g Pistazien
ein paar Blättchen Gold
(in der Drogerie)
¼ l süße Sahne

Zucker im Wasser aufkochen, Zitronensaft und die im Wein aufgelöste Gelatine zugeben und gut verrühren, dann das Goldwasser zugießen, sobald die Gelatine etwas steif zu werden beginnt. Die Pistazien schälen, in Streifchen schneiden, die Goldblätter zerkrümeln. Beides unter das schon fest werdende Gelee mischen. In Glasschalen gießen, mit steifgeschlagener Sahne Verzierungen daraufspritzen. Ein sehr feines Dessert!

Gefüllte Keilchen

Keilchen sind Klöße, wie auf Seite 192 zu lesen steht. Man kennt sie aber nicht nur aus Kartoffeln, diese gefüllten Keilchen sind mit Obst gefüllte Klößchen — die an österreichische Marillenknödel usw. erinnern.

250 g Mehl
1 Prise Salz
1 Ei
so viel Milch oder Wasser,
wie der Teig aufnimmt

Für die Füllung:
beliebiges Obst

Die Zutaten zu einem festen, ausrollfähigen Teig verkneten. Auf dem Backbrett dünn ausrollen, mit dem Teigrand Vierecke abteilen, ca. 8—10 cm im Quadrat — und mit einem Stück Apfel, einer Pflaume, einer halben Aprikose oder auch Preiselbeeren, Heidelbeeren belegen, den Teig gut um die Füllung legen, damit sie während des Kochens sich nicht lösen kann. In siedendes Salzwasser legen, ca. 10 Minuten ziehen lassen.

Apfel-Keilchen

500 g Mehl
2 Eier
ca. ¼ l Milch (es kann je nach Art des Mehles etwas mehr oder weniger sein)
Salz
500 g Äpfel
100 g Butter
Zucker
Zimt

Aus Mehl, Eiern und Milch einen nicht zu festen und nicht zu weichen Teig rühren, salzen und die in kleine Würfel geschnittenen geschälten Äpfel daruntermischen. In einem weiten Topf gesalzenes Wasser aufkochen lassen, mit nassem Löffel Klöße abstechen und im Salzwasser ungefähr eine Viertelstunde gar ziehen lassen. Auf heißer Platte anrichten, mit Zucker, Zimt und brauner Butter genießen.

Danziger Kaffeekuchen

500 g Mehl
250 g Zucker
150 g Butter
4 Eier
1 Päckchen Backpulver
1 Päckchen Vanillezucker

Die Butter in kleine Stücke schneiden, mit Mehl und Zucker verkneten (Backpulver schon dem Mehl untermischen), eine Stunde zugedeckt den Teig liegen lassen. Messerrückendick ausrollen, mit kleinen Formen Kuchen ausstechen, bei mittlerer Hitze im Ofen goldbraun backen.

Kartoffelkuchen

1 kg Kartoffeln
100 g Butter
100 g Mehl
Salz

Für die Auflage:
100 g Speck
400 g Kartoffeln
60 g Butter
1 Zwiebel
¼ l saure Sahne
4 Eier
1 TL Kümmel
Salz

Alle Kartoffeln mit der Schale kochen, schälen, durchpressen.
Die für die Auflage bestimmten Kartoffeln gesondert in eine Schüssel geben, die anderen Kartoffeln mit Butter, Salz und Mehl noch warm zu einem geschmeidigen Teig kneten, mit bemehltem Nudelholz auf bemehltem Brett in der Größe des Backbleches ausrollen. Backblech gut buttern, den Kartoffelteig darauflegen und nun die Auflage herstellen:
In der Butter Speck und Zwiebel, sehr klein geschnitten, glasig rösten, die Kartoffeln zugeben, glattrühren, abkühlen lassen, mit der sauren Sahne, den Eiern, Gewürzen mischen und die Masse auf den Kartoffelteig streichen. Bei mittlerer Hitze ca. 35 Minuten backen und noch warm in rautenförmige Stücke schneiden.
Man kann den Kartoffelkuchen mit Salat oder Gemüse servieren oder abends ein kaltes oder warmes Getränk dazu geben. Gut und billig.

Piroggen

Piroggen eignen sich ausgezeichnet zur Verwendung von Resten. Man kann alles zum Füllen nehmen, was sich dafür nur verwenden läßt oder vorhanden ist. Ebenfalls kann man sie mit Hefe- oder Kartoffelteig zubereiten. Das können Sie halten, wie Sie wollen.

Hefeteig:
375 g Mehl
35—40 g Hefe
Salz
3/8 l Milch
100 g Butter
(kein Ei!)

Die zerbröckelte Hefe sofort mit der lauwarmen Milch, Salz und Mehl verrühren, nach dem Gehen die schaumig gerührte Butter unterarbeiten und nochmals gehen lassen. Dann den Teig 2 cm dick ausrollen und entweder mit dem Teigrädchen 10 cm große Quadrate abteilen oder mit dem Weinglas Scheiben ausschneiden. Jeweils etwas Fülle daraufgeben, zusammenklappen oder eine zweite Scheibe darauflegen, Ränder gut andrücken, mit Milch bepinseln und auf gebuttertem Backblech bei kräftiger Hitze backen.

Kartoffelteig

500 g geriebene, am Vortag gekochte Kartoffeln
125 g Mehl
Salz
1 Ei

Alle Zutaten rasch verkneten, ausrollen 4 mm dick, in 10 cm große Quadrate schneiden und ebenfalls füllen.

Füllmassen zum Kartoffelteig

1. Reste von Spinat, Wirsing, Weißkohl, die man kräftig würzt und mit etwas Paniermehl dickt
2. Pilze gedünstet
3. durchgedrehte Bratenreste, Stückchen Gewürzgurke
4. pikanter, ziemlich trockener Quark, mit Ei verrührt
5. etwas Bratwurst, aus dem Darm gedrückt
6. geraffelte Äpfel, Zucker, geriebene Mandeln
7. Speck, Zwiebeln, Hackfleisch
8. Rinderhack, mit Zwiebeln etwas angeschmort

Pichelsteiner (Rezept S. 225) ▷

Die Sudeten

liegen südlich der schlesischen Landesgrenze. In ihrem geschichtlichen Werdegang sind sie vielfältig mit Schlesien verbunden. Das südschlesische Gebiet der Sudeten wurde 1742 vom Kernland getrennt, als dieses an Preußen fiel, und verblieb bei Österreich. Der Einfluß Österreichs ist in der sudetendeutschen Küche immer spürbar geblieben. Umgekehrt stammen viele Gerichte, die wir heute als »typisch österreichisch« bezeichnen, aus dem Sudetenland, denn die Köchinnen aus Böhmen und Mähren waren in der Donaumetropole gesucht, und die Wiener Küche verdankt ihnen zu einem nicht geringen Teil ihren Weltruhm.

Mehlspeisen sind in den Sudeten beliebt und kommen oftmals auf den Tisch, aber auch Suppen und Braten und nicht zuletzt auch hier der Karpfen polnisch. Kuchen und Süßspeisen begeistern nicht nur die aus den Sudeten stammenden Menschen, sondern jeden, der ihre Küche kennenlernt.

◁ *Quarkklöße* (Rezept S. 248)

Die gute Bouillon

ist Voraussetzung für feine Suppen mit Einlagen. Wie man sie aus Rindfleisch allein oder Rindfleisch und Geflügel herstellt, haben wir schon angegeben. Wir können uns also die Wiederholung sparen. Statt dessen empfehlen wir Ihnen

SUPPEN-EINLAGEN

Tropfteigsuppe

1 Ei
1 gehäufter EL Mehl
1 Prise Salz

In einem nicht zu kleinen Gefäß die Zutaten gut verschlagen, dann in eine Spritztüte füllen, den Teig in die kochendheiße Bouillon tropfen und ca. 5 Minuten kochen.

Backerbsen-Suppe

Tropfteig vom Rezept der Tropfteigsuppe
reichlich Bratfett (wieder zu verwenden)

Einen Fettopf mit mindestens 3 cm hoch Bratfett erhitzen, nachdem der Tropfteig hergestellt wurde. Sobald das Fett heiß geworden ist, mit einem groben Spätzlesieb den Teig hineintropfen. Es soll die ganze Fettoberfläche bedeckt sein. Mit der Backschaufel wenden. Sie müssen auf beiden Seiten schön goldgelb sein. Dann mit dem Sieblöffel herausnehmen und auf eine Schüssel geben und so fortfahren, bis der Teig aufgebraucht ist. Man rechnet 2 EL Backerbsen je Portion.

Einmachsuppe

50 g Mehl
50 g Butter
1¼ l Kalbsknochenbrühe
Pfeffer
Muskatnuß
1 Bouillonwürfel
1 Eigelb
5 EL süße Sahne
100 g Weißbrot
etwas Butter zum Rösten

Butter und Mehl hell schwitzen, mit der Kalbsknochenbouillon auffüllen, 15 Minuten kochen, würzen. In einem kleinen Gefäß Sahne und Eigelb glattschlagen, zur Suppe geben. Nicht mehr kochen. Ein bis zwei Scheiben Weißbrot würfeln, in der Butter rösten, unmittelbar vor dem Auftragen über die Teller geben.

Fritattennudelsuppe

Je Portion einen dünn gebackenen Eierkuchen, den man in feine Streifchen schneidet, in den Suppenteller mit etwas Schnittlauch gibt und mit der siedenden Bouillon übergießt.

Lebernockerlsuppe

30 g Fett
1 Ei
125 g durchgedrehte Rinderleber
1 TL gehackte Zwiebel
etwas abgeriebene Zitronenschale
Pfeffer
Majoran
so viel Paniermehl (Semmelbrösel), daß ein nicht zu fester Teig entsteht

Von dieser Masse mit einem Kaffeelöffel kleine Nockerl abstechen, die man unmittelbar in die Bouillon gibt und dort gar ziehen läßt. Etwas Schnittlauch auf die Suppe streuen.

Panadelsuppe

1½ Brötchen oder ca. 70 g Weißbrot
etwas Salz
Kümmel
1 Hauch Muskatnuß
1 Stückchen Butter
1 Ei
etwas gekörnte Brühe

In der heißen oder kalten Bouillon die Brötchen aufsetzen, mit den Gewürzen 15 Minuten kochen lassen, kräftig durchquirlen, und zuletzt ein ganzes Ei einschlagen, sofort weiterverquirlen.

Grießpfanzelsuppe

100 g Grieß
gut ¼—⅜ l Milch
15 g Butter
1 Eigelb
Salz
Muskat
der fest geschlagene Eischnee von 1 Eiweiß
etwas Butter zum Backen

In eine Schüssel gibt man den Grieß, übergießt ihn unter Rühren mit der kochenden Milch, so daß ein dünner Brei entsteht. Butter gesondert schaumig rühren, Eigelb zugeben, ebenso die Gewürze und nun langsam den ausgekühlten, aufgequollenen Grießbrei einrühren, zuletzt den Eischnee. In einer mittelgroßen Omelettpfanne ein Stückchen Butter zergehen lassen, die Masse hineinschütten und nun im Backofen die Masse backen, bis sie oben eine schöne goldbraune Kruste hat. Auf ein Brett stürzen, in Rauten schneiden und in die Bouillon geben.

Schöberlsuppe

Dafür bereitet man einen Pfannkuchen — eigentlich ein Omelett aus 20 g Butter, die man in der Pfanne zergehen läßt, nimmt den festen Eischnee von 2 Eiern, 2 Eigelb, 2 TL Mehl, 1 Prise Salz, verrührt dies mit dem Schneebesen und bäckt den Teig in der Pfanne hellbraun. Auf ein Brett stürzen, erkalten lassen, dann kleine Rauten schneiden und in der Suppe servieren.

Mehlnockerl

50 g Butter
1 Ei
Salz
Pfeffer
1 Hauch Muskatnuß
50 g Mehl
1 Bouillonwürfel

Die Mehlnockerl werden in einer Brühwürfelbouillon gar gezogen. Für das Servieren selbst stellt man dann entweder eine echte Rindsbouillon her oder nochmals eine gute Würfelbouillon.
Die Butter schaumig rühren, das Ei einrühren, Gewürze zugeben und dann das Mehl. Die Würfelbouillon erhitzen, sobald sie kocht, mit einem nassen Kaffeelöffel Nokkerl abstechen, eines nach dem andern in die Suppe legen und langsam bei milder Hitze 10 Minuten gar ziehen lassen. Man rechnet je Portion 3 Mehlnockerl.

Hirnpovesensuppe

125 g Schweins- oder Kalbshirn
1 kleine Zwiebel
20 g Butter
etwas gekörnte Brühe
Salz
Pfeffer
1 Ei
2 Semmeln
1 mit Milch verquirltes Ei
Mehl
Butter zum Ausbacken

Das Hirn 1—2 Stunden in Wasser legen, dann häuten und Blutgefäße auslösen. In die heiße Butter die feingewiegte Zwiebel rühren, dann das zerkleinerte Hirn ebenfalls beigeben, rühren, würzen, nach 5 Minuten das ganze Ei einschlagen und die Masse stocken lassen. Kalt stellen. Die altbackenen Brötchen in halbzentimeterdikke Scheiben schneiden, und zwar so, daß je zwei Scheiben zusammenhängen. Also beim ersten Schnitt nur bis zur Kruste schneiden, die zweite ganz abschneiden. Man bekommt ca. 10—12 Povesen. Man füllt jeweils einen Teil der Hirnmasse in solche Semmeltaschen, preßt sie zusammen, taucht sie einzeln in das zerklepperte, mit Milch verrührte Ei, wendet in Mehl und bäckt sie in der Pfanne in heißer Butter goldgelb. Danach werden die Hirnpovesen in Streifen geschnitten und in der Bouillon serviert. Sie sind übrigens nicht nur eine leckere Suppeneinlage, sondern mit Salat auch ein Abendessen.

Wurstsuppe

1 kleine Schweinshaxe
1 Blut- und Leberwurst
1 Bund Suppengrün
½ Zwiebel
1 Hauch Nelkenpulver
Ingwerpulver
½ TL Majoran
½ TL Pfeffer
1 TL geriebene Zitronenschale
1 Knoblauchzehe, mit Salz gerieben
1 Bouillonwürfel
100 g Schwarzbrot
etwas Butter

Das Schweinshaxl mit dem Suppengrün, Salz und Zwiebel in Wasser weich kochen und in feine Streifen schneiden. Die Blut- und Leberwurst aufschneiden und die Masse in einen Suppentopf geben, dann alle angeführten Gewürze und die Kochbrühe der Schweinshaxe zugeben und so viel Wasser, daß die Suppe für 4—5 Personen reicht. Brühwürfel einbröckeln und alles mitsammen 10 Minuten kochen. Schwarzbrot würfeln, in der Butter unter Rühren rösten. Vor dem Servieren das Brot in die Terrine schütten, die Suppe daraufgießen.

Lungenstrudelsuppe

2 kleine Lungenstrudel —
wie bei Lungenstrudel
(Seite 243) beschrieben

Die fertigen Strudel in Streifen schneiden und in der Suppe servieren.

Fleischgerichte

Brünner Schnitzel

Je Portion 1 dünnes Kalbsschnitzel
1 Prise Salz

Für den Teig:
1 Ei
1 gehäufter EL Mehl
1 Prise Salz (diese Masse reicht für 2—3 Schnitzel)
Bratfett

Das Schnitzel rundum von allen anhaftenden Häutchen lösen oder mehrmals einschneiden, leicht klopfen und salzen. Teig aus den Zutaten herstellen, Bratfett erhitzen. Wenn es genügend heiß ist, die Schnitzel beiderseits durch den Teig ziehen und auf beiden Seiten goldbraun backen.

Wiener Schnitzel

Je 1 dünnes Schnitzel
Salz
Mehl
Ei
Semmelbrösel
Bratfett

Das gesalzene, vorbereitete Schnitzel in Mehl, verklopftem Ei und Paniermehl wenden, braten wie vorstehend.

Paprikaschnitzel

4 ca. 120 g schwere Kalbsschnitzel
Salz
Paprika
Butterschmalz
¼ l Bouillon
1 TL Paprika
etwas gekörnte Brühe
2 TL Mehl
4 TL saure Sahne
Butter

Die vorbereiteten, geklopften und gesalzenen Schnitzel mit Paprika bestreuen und ohne Panieren in dem heißen Butterschmalz auf beiden Seiten braten, herausnehmen, dann noch etwas Butter, Paprika, Bouillon und gekörnte Brühe zufügen. Mehl und saure Sahne verrührt man, gibt sie zur Sauce und läßt diese ungefähr 2 Minuten kochen. Die Sauce durchgeseiht über den Schnitzeln anrichten.

Prager Schnitzel

Je Portion 1 Schnitzel
à ca. 120 g
je ca. ½ TL Mehl
Bouillon
Rührei von je 10 g Butter
1 Ei
Salz
Pfeffer
je 20 g Schinken

Das Prager Schnitzel würzen, braten, Sauce mit Bouillon und Mehl glattrühren. Warm stellen. Rührei aus Ei, Salz, Pfeffer zubereiten, über das Schnitzel streichen und darauf feingewiegten Schinken geben.

Lendenbraten

750—1000 g Lende
80 g geräucherter Speck
80 g Butter
zusammen ca. 150 g gelbe Rüben und Sellerie
Petersilie
1 Zwiebel
Wacholderbeeren
Senfkörner
Pfeffer
2 Nelken
1 Lorbeerblatt
Zitronenschale
Thymian

Für die Sauce:
Bratenfond
Bouillon
2 EL Mehl
1 EL Essig
1 Glas Weißwein

Das Fleisch von Haut und Knochen lösen, mit dem in feine Streifen geschnittenen Speck spicken, salzen, mit der gespickten Seite nach unten in die Bratpfanne legen, Butter daraufgeben und ¼ l Wasser in die Pfanne gießen.

Rechts und links vom Fleisch legt man die in Scheiben geschnittenen gelben Rüben, den Sellerie sowie die Zwiebel in die Pfanne. Gewürze über das Fleisch geben, im Backofen braten, bis das Wasser verdunstet ist, dann wenden und öfters mit dem Bratensaft begießen, notfalls etwas Bouillon zugeben. Der Braten ist nach 1½—2 Stunden fertig. Herausnehmen, warm stellen, die Sauce aus den angegebenen Zutaten rühren, aufkochen, durchpassieren. Dazu passen Mehlknödel, breite Nudeln oder Makkaroni.

Kalbsnierenbraten

1 kg bereits gefüllter Kalbsnierenbraten
1 TL Salz
80 g Butter
⅛ l Wasser

Für die Sauce:
1 TL Mehl
⅜ l Bouillon

Den fertigen Nierenbraten salzen, in der Bratpfanne mit dem Wasser in den vorgeheizten Backofen geben, Butter darauflegen, sobald das Wasser verdunstet ist, umdrehen und mehrmals begießen. Sauce nur mit dem angerührten Mehl binden und passieren. Dazu gehören Mehlknödel und Kompott.

Gefüllte Kalbsbrust

1 kg Kalbsbrust mit eingeschnittener Tasche (macht der Metzger)
Salz
30 g Butter

Für die Füllung:
80 g Butter
2 Eier
2 Brötchen
Zitronenschale
Pfeffer
Muskatnuß
Salz

Die Kalbsbrust innen und außen salzen. Für die Fülle Butter schaumig rühren, ein Ei nach dem anderen zurühren, die in Wasser eingeweichten, gut ausgedrückten Brötchen und die Gewürze zugeben. Die Masse glattrühren und in die Tasche füllen, zunähen.
Kalbsbrust mit der oberen Seite nach unten in die Bratpfanne geben, obenauf Butterflöckchen legen, ⅛ l Wasser in die Pfanne geben und danach im Ofen braten, wie im vorstehenden Rezept angegeben. Dazu verschiedene Gemüse wie Spinat, Karotten, Blumenkohl oder Salat und Kartoffeln.

Rindsrouladen

4 Rouladenstücke
Salz
Pfeffer

Für die Füllung:
1 Semmel
1 mittelgroße Zwiebel
30 g geräucherter Speck
1 kleine Möhre
1 Stückchen Sellerie
2 EL gewiegte Petersilie
Salz
1 Ei

Für die Sauce:
1 EL Mehl
⅛ l saure Sahne
1 Bouillonwürfel

Die Rouladenstücke dünn klopfen, am Rand evtl. einschneiden, salzen, pfeffern. Für die Fülle Speck, Zwiebel und Gemüse ganz klein würfeln, Semmel in Wasser einweichen und ausdrücken, alles miteinander vermischen und von der Fülle je ¼ auf eine Roulade streichen, einrollen, festbinden, im Bratentopf mit Butter und etwas Bouillon bei mittlerer Hitze braten, nach 15 Minuten wenden. Wenn sie fertig sind, die Fäden entfernen, warm stellen, den Bratenfond mit Mehl und saurer Sahne abrühren, mit Bouillonwürfel würzen, aufkochen, durchpassieren. Die Sauce zu den Rouladen geben, damit sie gut einziehen kann.

Faschierter Braten

Je 250 g Rindfleisch und Schweinefleisch durchgedreht
2 Brötchen
½ Zwiebel
Salz
Pfeffer
Majoran
Muskatnuß
1 Ei
etwas abgeriebene Zitronenschale
1 Eiweiß
Butter

Aus den angegebenen Zutaten mit den eingeweichten, ausgedrückten Brötchen und den Gewürzen eine nicht zu feste Masse kneten. Eine ovale längliche Wurst formen, in den gebutterten Brattopf setzen, mit Eiweiß bestreichen und unter öfterem Begießen in ca. 30 g Butter im Ofen backen. Kartoffelbrei und Krautsalat werden gern dazu gegessen.

Frikadellen (Karbonaden)

Zutaten wie vorstehend *etwas Paniermehl*

Aus der Masse formt man ca. 6—8 Frikadellen, nimmt zum Formen etwas Paniermehl hinzu und brät sie in der Pfanne in reichlich Fett auf beiden Seiten bei milder Hitze mittelbraun.

Schweinskoteletts, paniert

4 Schweinskoteletts
Salz
Mehl
1 Ei
Paniermehl
Bratfett

Klopfen, salzen, in Mehl, verquirltem Ei und Paniermehl wenden und im heißen Fett auf beiden Seiten goldgelb braten. Kartoffelsalat und Gurkensalat dazu.

Kalbskoteletts

4 Kalbskoteletts
Salz
Pfeffer
etwas Mehl
Bratfett
1 EL Mehl
¼ l Bouillon

Die Kalbskoteletts klopfen, würzen, auf einer Seite mehlen, mit dieser Seite im heißen Fett anbraten, dann wenden, langsam bräunen lassen. Sobald sie fertig sind, auf warme Platte legen, den Bratenfond mit Mehl und Bouillon glattrühren, durchseihen, über die Koteletts gießen und zu Salzkartoffeln und Kompott reichen.

Kümmel-Koteletts

4 Schweinskoteletts
Salz
1 Zwiebel
3 Knoblauchzehen
2 TL Kümmel
1 TL Senf
3/8 l Bouillon
Butter
1 EL Mehl
1/8 l saure Sahne

Im heißen Fett die gesalzenen und mit Mehl leicht bestäubten Koteletts hell bräunen. Inzwischen Knoblauchzehen mit Salz fein reiben, Zwiebeln klein schneiden und mit dem Kümmel verrühren. Die gebratenen Koteletts in eine gut gebutterte Kasserolle geben, in der Pfanne noch 20 g Butter, das Kümmelgemisch, den Senf verrühren, die Bouillon zugießen, aufkochen und die Sauce über die Koteletts gießen und die Kasserolle im Backofen 30 Minuten bei mittlerer Hitze lassen. Mehrmals etwas Wasser zugeben. Dann die Koteletts auf heiße Platte legen, die Sauce mit der sauren Sahne, in der das Mehl verrührt ist, abrunden, aufkochen und servieren. Mehlnockerl oder Makkaroni dazu.

Schöpsenfleisch mit Majorankartoffeln

600 g Hammelfleisch
1 Bund Suppengrün
Salz
gekörnte Brühe
800 g Kartoffeln
Pfeffer
Kümmel
Majoran
30 g Butter
2 EL Mehl

Mit dem Suppengrün das Hammelfleisch ca. 1½ Stunden lang weich kochen. Die Kartoffeln dann schälen, achteln, in Salzwasser halb weich kochen, abgießen, in der Hammelfleischbrühe mit den Gewürzen fertigkochen. Dann Butter und Mehl anschwitzen, mit der Brühe aufgießen, etwas gekörnte Brühe beigeben und zu den Kartoffeln geben, noch 15 Minuten kochen. Dann die Kartoffeln in eine heiße Schüssel geben, das in Scheiben geschnittene Fleisch darauf anrichten und Salat dazu geben.

Wiener Beuschel

750 g Beuschel (Herz und Lunge)
1 Zwiebel
Salz
Suppengrün
30 g Butter
2 EL Mehl
Pfefferkörner
1 Lorbeerblatt
1 Nelke
1 Stückchen Zitronenschale
Saft von ½ Zitrone
2 EL Weinessig
1 TL Senf
1 Msp Puderzucker
1 Bouillonwürfel
evtl. ein paar Tropfen Worcestersauce

Die sauber gewaschene Beuschel mit Salz und einem Stückchen Zwiebel in etwas Wasser weich kochen, Brühe aufheben, Beuschel in Streifchen schneiden. In einem andern Topf die Butter erhitzen, darin das kleingeschnittene Suppengrün und den Rest der Zwiebel bräunen, dann das Mehl zufügen, ebenfalls bräunen, dann mit der Kochbrühe aufgießen und ¼ Stunde kochen lassen. Jetzt die restlichen Gewürze zugeben, noch 10 Minuten kochen, die Sauce durchseihen, in den Beuscheltopf gießen und darin das Beuschel mit Zitronensaft, Weinessig, Senf und Zucker abschmecken. Knödel dazu.

Pichelsteiner

(Abb. S. 208)

500—750 g Rindfleisch	*4 Möhren*
Salz	*2—3 Petersilienwurzeln*
Pfeffer	*50 g Rindermark oder*
1 Zwiebel	*50 g Fett*
4 große Kartoffeln	*½ l Bouillon*
¼ Sellerie	*Petersilie*

Das Fleisch in Würfel schneiden, salzen und pfeffern. Die Zwiebel in Fett bräunen. ⅓ dieser Fleisch- und Zwiebelwürfel auf den Boden einer dekorativen Kasserolle geben, dann Kartoffelscheiben und geputztes Gemüse darauflegen, wieder Fleisch usw. Obenauf das Rindermark oder Fett geben und Bouillon darübergießen. Topf gut schließen, ca. 1½ Stunden bei mittlerer Hitze alles weich kochen und im Topf servieren. Mit gehackter Petersilie bestreuen.

Eingemachtes Kalbfleisch

600 g Kalbfleisch von Hals oder Brust
je 1 EL kleingeschnittene Möhre, Sellerie, Petersilienwurzel
½ Zwiebel
Salz
1 Hauch Nelkenpulver
1 Lorbeerblatt
1 Streifchen Zitronenschale
einige Pfefferkörner
30 g Butter
Mehl
¼—½ l Bouillon
1 Hauch Muskatnuß
1 EL Weißwein
1 Msp Senf
einige Tropfen Zitronensaft
gekörnte Brühe
3 EL süße Sahne
1 Eigelb

Das Fleisch in Würfel schneiden und mit dem kleingeschnittenen Suppengemüse in so viel Wasser, daß es bedeckt ist, sowie den Gewürzen von Salz bis Pfefferkörnern — siehe Zutaten — weich kochen. Dann aus Butter und Mehl helle Mehlschwitze machen, mit der Kochbrühe aufgießen, eventuell noch Bouillon zufügen, die Schwitze zur restlichen Kochbrühe geben, alle anderen Gewürze zufügen, zuletzt Sahne und Eigelb verquirlen und zugeben, nachdem man den Topf vom Feuer genommen hat. Fleischstücke wieder einlegen, kurz noch durchziehen lassen und mit Reis und Salaten servieren.

Kalbsleber, geröstet

400—500 g Leber
30 g Fett
1 EL gewürfelte Zwiebel
Majoran
Pfeffer
1—2 EL Wasser
1 TL Mehl
einige Tropfen Suppenwürze
Salz

Die Leber in kleine dünne Scheibchen oder Streifchen schneiden. In das heiße Fett die Zwiebel geben, die Leber, pfeffern und mit Majoran bestreuen, 1—2 EL Wasser zugeben und unter ständigem Rühren rösten, dann mit dem Mehl bestäuben, ca. ⅛ l Wasser zugeben, jetzt erst salzen und einige Tropfen Würze zugeben. Mit Salzkartoffeln servieren — keine Minute zu lang auf dem Herd lassen, damit die Leber nicht hart wird.

Geflügel

Das Geflügel bekommen wir heute brat- oder kochfertig, so daß wir keine Vorbereitungen haben.

Suppenhuhn

1 jüngeres Huhn (denn ganz alte Hennen sind auch im Kochtopf unerfreulich)
Salz
Suppengemüse
1 Stückchen Zwiebel
200 g Fadennudeln oder Reis

Das sauber gewaschene Huhn in leichtem Salzwasser mit den Gemüsen und 1 EL Salz aufsetzen, bei mittlerer Hitze ca. 1½ Stunden weich kochen. Dann das Huhn herausnehmen, die Brühe durchseihen, in dieser die gesondert abgekochten Nudeln und das von den Knochen gelöste, in Streifen geschnittene Fleisch anrichten.

Paprikahuhn

1 jüngeres, fleischiges Huhn
30 g Butter
30 g Räucherspeck
je 1 EL kleingeschnittene Möhre, Sellerie, Petersilie und Zwiebel
10 g edelsüßer Paprika
1 TL gekörnte Brühe
1/10 l süße Sahne
1 EL Mehl

Das Huhn, wie im vorstehenden Rezept angegeben, weich kochen. Dann Butter, Speck, Gemüse anschwitzen, den Paprika und die gekörnte Brühe untermengen, mit der Hühnerbouillon — ca. 1/2 l — aufgießen, aufkochen, die Sahne und das Mehl verquirlen, zufügen, noch 5 Minuten kochen. Inzwischen das Suppenhuhn in Portionsstücke tranchieren und mit der Sauce übergossen servieren. Reis und Salate dazu.

Egerländer Weihnachtskarpfen

1 schöner Karpfen aus Eger, möglichst ein Spiegelkarpfen
125 g Mandeln und Rosinen
100 g geriebener brauner Lebkuchen
Fischsud (siehe Rezept Seite 166)
60 g Butter
1 EL Mehl
1 EL Zucker

Beim Töten des Karpfens das Blut auffangen, dann schuppen, ausnehmen, waschen, teilen. Kopf zum Fischsud verwenden und mit allen Zutaten dafür aufsetzen und kochen. Das übrige Fleisch in ungefähr 3 cm breite Scheiben schneiden und leicht einsalzen.
In einem genügend großen Topf die Butter bräunen, den Zucker und eventuell das Mehl (es bleibt besser weg) ebenfalls Farbe nehmen lassen, Fischsud zufügen, die gestiftelten Mandeln, Rosinen und geriebenen Lebkuchen aufkochen und in diese Sauce nun vorsichtig die Fischstücke einlegen und bei ganz milder Hitze mehr gar ziehen lassen als kochen. Dazu gehören natürlich die echten Egerländer Semmelknödel, auch Hefen- oder Mehlknödel.

Fischsuppe aus Karpfen

1½ kg Karpfen
1 Zwiebel
30 g Butter
2 EL Mehl
1½ l Bouillon
1 Bund Suppengrün
Salz
Pfeffer
1/16 l Sahne
1 Eigelb
Muskat
gekörnte Brühe
ein paar geröstete Brotwürfel
evtl. ein kleiner Blumenkohl

Den Karpfen in leichtem Salzwasser mit etwas Zwiebel kochen. Dann aus Butter und Mehl helle Schwitze rühren, mit Bouillon aufgießen. In einem zweiten Topf das kleingeschnittene Suppengrün bräunen und mit etwas Bouillon ebenfalls ca. 20 Minuten weich kochen. Zuletzt alles zusammengießen, Sahne und Eigelb verquirlen und in die nicht mehr kochende Suppe geben. Mit gekörnter Brühe und einem Hauch Muskat abschmecken. Gut schmeckt dazu Blumenkohl: die Röschen nach dem Weichkochen in die Fischsuppe geben.

Hecht, gebraten

1 kg Hecht, in 4 Scheiben geschnitten
Salz
Pfeffer
1 EL Sardellenbutter
1 EL gehackte Petersilie
50 g Butter
⅛ l Sahne
etwas gekörnte Brühe
1 TL Zitronensaft

Die Hechtstücke salzen, mit Sardellenbutter einreiben und mit Petersilie bestreuen. In der heißen Butter dann die Fischstücke auf beiden Seiten hellbraun braten und öfters schütteln, damit sie nicht anhaften. Sobald sie gar sind, auf eine heiße Platte geben, zum Bratenfond gekörnte Brühe und Sahne geben, vom Feuer nehmen, mit Zitronensaft abschmecken — aber erst, wenn die Sauce ein wenig abgekühlt ist, damit sie nicht gerinnt. Salzkartoffeln und Salate dazu.

Gekochter Hecht

4 Scheiben Hecht
Salzwasser
60 g braune Butter

In das siedende Salzwasser vorsichtig den Fisch einlegen, 10 Minuten mehr sieden als kochen, auf heiße Platte legen, mit brauner Butter begießen und mit Salzkartoffeln und Salaten zu Tisch bringen.

Fischsalat

400 g Reste von gekochtem oder gebratenem Fisch
50 g Mayonnaise
1 EL Weinessig
etwas Suppenwürze
1 TL Senf
1 Sardellenfilet
einige Kapern
½ Essiggurke
1 TL gehackte Zwiebel
1 TL Petersilie

Die Fischreste zerpflücken. Zur Mayonnaise langsam alle anderen kleingeschnittenen Zutaten mischen, dann den Fisch zufügen, kalt stellen.

Bohnensalat

500 g fadenfreie zarte Bohnen oder Prinzeßbohnen
Salz
Pfeffer
1 TL Zucker
1 EL Öl
2 EL Weinessig
etwas Kochwasser
einige Tropfen Suppenwürze

Bohnen weich kochen, Salatsauce zubereiten, mit zwei Gabeln den Salat gut durchmengen.

Blumenkohlsalat

1 mittelgroßer Blumenkohl
Salzwasser

Für die Sauce:
1 Glas Weißwein
1 Glas Blumenkohlwasser
Salz
Pfeffer
1 TL Zucker
einige Tropfen Suppenwürze
1 EL Öl
wenig Essig

Den nicht zu weich gekochten Blumenkohl zerteilen, in die aus den genannten Zutaten gemischte Sauce legen und mindestens 30 Minuten vor dem Servieren darin durchziehen lassen.

Selleriesalat

1 mittelgroße Sellerieknolle
3 EL Essig
1 EL Öl
1 Msp Zucker
Pfeffer
Salz
einige Tropfen Suppenwürze

Den gründlich gebürsteten Sellerie in reichlich Salzwasser weich kochen, herausnehmen und mit Essig übergießen. Wenn er etwas abgekühlt ist, schälen, in Scheiben schneiden, mit der Sauce aus den angegebenen Zutaten übergießen und möglichst einen halben Tag durchziehen lassen.

Paradeissalat

6—8 Tomaten
1 Zwiebel
1 TL Zucker
Salz
Pfeffer
wenig Weinessig
etwas mehr Öl

Mit scharfem Messer die Tomaten in Scheiben schneiden und die Tomatenscheiben portionsweise auf runden Glastellern ziegelartig rund schichten, mit der ganz feingeschnittenen Zwiebel und dem Zucker bestreuen, leicht salzen und pfeffern, mit ein wenig Essig bespritzen und dann Öl über die Scheiben tropfen.

Kartoffelsalat

1 kg heiße Pellkartoffeln
1 Zwiebel
1 TL Salz
2 EL Öl
1/16 l Weinessig
1/8 l Bouillon
1 EL Zucker
etwas Pfeffer

Die Kartoffeln heiß oder kalt in Scheiben schneiden und mit der Sauce mischen, mindestens 2 Stunden gut durchziehen lassen, bevor man sie serviert.

Rote-Rüben-Salat

3 große, rote Rüben, weich gekocht

Für die Marinade:
1/4 l Rübenwasser
einige Tropfen Suppenwürze
1 EL Weinessig
Salz
Zucker
Fenchelkörner
1 EL geriebener Meerrettich

Sobald die Rüben weich sind, herausnehmen, mit kaltem Wasser übergießen, schälen, in feine Scheiben schneiden und mit der Sauce übergießen.

Rotkrautsalat

300 g Rotkraut, frisch oder aus der Dose

Für die Sauce:
einige EL Weinessig, mit Wasser verdünnt
Salz
Pfeffer
knapp 1 EL Zucker
einige Tropfen Suppenwürze
30 g geräucherter Speck

Den Rotkohl fein schneiden und 10 Minuten mit ganz wenig Öl und knapp zwei Finger hoch Wasser kochen. Wasser, soweit noch vorhanden, abgießen. (Oder die entsprechende Menge aus der Dose oder Glas nehmen.) Mit den Zutaten zur Sauce mischen. Räucherspeck würfeln, auslassen, die Würfel unter den Salat mischen.

Saucen und Beilagen

Pilzsauce von getrockneten Pilzen

20 g getrocknete Pilze
¾ l Wasser
1 Stückchen Zitronenschale
etwas Salz
30 g Butter
½ Zwiebel
2 EL Mehl
¼ l Bouillon
1 EL Zucker
1 EL Weinessig

Die Pilze gut waschen, mit Zitronenschale und Wasser ca. 20—25 Minuten weich kochen, dann das Kochwasser in eine Schüssel abseihen, die Pilze fein zerkleinern. Im Kochtopf die Butter und die kleingehackte Zwiebel hell anschwitzen, Mehl unterrühren, mit Pilzbrühe aufgießen, evtl. noch Bouillon zugeben. Dann die Pilze, Zucker, Weinessig zur Schwitze geben, noch 5—8 Minuten kochen.
Diese Sauce ißt man zu Rindfleisch, Knödeln, Kartoffelpuffern.

Kalte Senfsauce mit Sardellen

3 hartgekochte Eier
3 EL Senf
1 EL Sardellenbutter
1 EL Olivenöl
Salz
Pfeffer
Essig
einige Tropfen Maggi

Eier hart kochen, Eigelb zerdrücken, Eiweiß fein hacken — alles miteinander zu einer dickflüssigen Sauce rühren. Zu kaltem Fleisch.

Tatarensauce

2 hartgekochte Eier
1 Semmel
Salz
Pfeffer
1—2 EL feingewiegte Petersilie
ebensoviel Schnittlauch
1 Zwiebel
1 EL Kapern
1 Essiggurke
½ TL Zucker
⅛ l Öl
etwas Essig

Alle Zutaten sehr fein hacken, dann tropfenweise das Öl untermengen, zuletzt den Weinessig.

Serviettenknödel

50 g Butter
3 Eier
¼ l Milch
250 g Mehl
Salz
3 Brötchen
60 g Butter

Die Butter schaumig rühren, Eigelb und nach und nach die Milch, das Mehl und Salz zurühren. Brötchen in Würfel schneiden, rösten, mit dem Eischnee mischen, zum Teig geben und gut durcharbeiten. Einen großen länglichen Knödel formen, den man in eine nasse, ausgewundene Serviette nicht zu fest bindet (er wird größer) und in kochendes Wasser legen. Ca. 45—60 Minuten. Nach dem Herausnehmen aufbinden, den Knödel in fingerbreite Scheiben schneiden, mit brauner Butter beträufeln.

Serviettenknödel auf andere Art

6 Brötchen oder 250 g Weißbrot
½ l Milch
4 Eier
⅛ l Milch
Salz
für die gebutterten Brösel
60 g Butter und 30 g Semmelbrösel

Brötchen in kleine Würfel schneiden, mit ½ l kochender Milch übergießen. 10 Minuten stehenlassen. Die Eier mit der Milch — ⅛ l — quirlen, zu den Semmeln rühren, salzen. Diese Masse in zwei mittlere oder 1 große Serviette füllen, zubinden, die Knödel ca. 20—30 Minuten kochen, herausnehmen, in Scheiben schneiden und diese mit den gerösteten Semmelbröseln bestreuen.

Semmelknödel

10 Brötchen oder 450 g Weißbrot
¾ bis knapp 1 l Milch (je nach Trockenheit der Brötchen)
Salz
etwas feingewiegte Petersilie
2—3 Eier
30 g Butter

Die in feine Scheibchen geschnittenen Brötchen mit der kochendheißen Milch übergießen und umrühren. Butter und Eigelb schaumig rühren, zur Brötchenmasse geben, Petersilie und Salz und zuletzt den Eischnee zugeben. Die Masse muß fest, aber nicht hart sein. In siedendem Salzwasser die rund geformten Klöße gar ziehen.

Gebackene Knödel aus rohen Kartoffeln (Puffer)

1 kg rohe, geschälte, geriebene Kartoffeln
350 g gekochte Kartoffeln
½ l saure Milch oder Buttermilch evtl. mit etwas Quark vermengt
50 g ausgelassener Speck
Salz
Butter

Die geriebenen Kartoffeln auspressen. Nachdem sich die Kartoffelstärke abgesetzt hat, diese zu den Kartoffeln geben, die gekochten, geriebenen Kartoffeln und die saure Milch, Speck und Salz zugeben, gut verarbeiten. Zwei größere Pfannen gut einfetten, in jede die Hälfte dieser Masse geben und im heißen Ofen backen. Man kann die Masse auch auf ein gefettetes Backblech geben. Sobald sie nach ca. 15—20 Minuten gar ist, in Stükke schneiden. Diese Knödel werden gern zu Rindfleisch mit Pilzsauce gegessen oder auch zu Kompott.

Rohe Kartoffelklöße (Glitscher)

(Abb. S. 160)

1 kg rohe Kartoffeln
½ kg gekochte Kartoffeln
4 EL saure Sahne
evtl. etwas Quark
1—2 TL Salz

Die rohen Kartoffeln waschen, schälen, reiben, im Tuch gut ausdrücken, in eine Schüssel zu den gekochten geriebenen Kartoffeln geben, mit Sahne übergießen. Wenn die Masse sehr trocken ist, etwas mehr Sahne oder mit Milch vermischten Quark nehmen. Das Kartoffelwasser abgießen und die abgesetzte Stärke zu den Kartoffeln nehmen, salzen, alles gut verkneten. Das Wasser in einem großen Topf soll schon kochen. Nun mit nassen Händen schöne Klöße formen und im siedenden Wasser gar ziehen lassen, ca. 20—25 Minuten.

Mehlknödel

350 g Mehl
1 Ei
Salz
½ Msp Backpulver
3—4 Semmeln oder
150 g Weißbrot
20 g Butter

Das Mehl in eine tiefe Schüssel sieben, Ei, Salz, Milch von der Mitte aus zurühren. Es muß ein fester, glatter Teig entstehen. Backpulver gleich mit dem Mehl zugeben. Das Weißbrot würfeln, in der Butter bräunen. Nun mit einem Eßlöffel von dem Teig abstechen, in die Mitte Brotwürfel geben, runde Klöße formen und in kochendem Salzwasser gar ziehen lassen. Gut zu allen Fleischspeisen, auch mit brauner Butter zu Salaten.

Grießknödel

8 Brötchen vom Tag vorher (sie dürfen nicht zu hart sein)
50 g Butter
2 EL gehackte Zwiebeln
¼ l Milch
1 Ei
1 EL Mehl
Salz
2 gehäufte EL Grieß

Die Semmeln in kleine Würfel schneiden und mit der heißen Butter und den darin gebräunten Zwiebeln übergießen, gut durchrühren, dann die mit dem Ei verquirlte Milch darübergießen und 1 Stunde stehenlassen. Dann das Mehl, Salz, Grieß einarbeiten, mit nassen Händen kleine Klöße formen und im kochenden Wasser, das dann nur noch sieden darf, 10 Minuten garen. Man kann die Knödel auch mit gerösteten Bröseln übergießen.

Mehlspeisen als Hauptgericht

Strudelteig-Grundrezept

250 g Mehl
1 Msp Salz
1 EL Olivenöl
4—6 EL kaltes Wasser

Der Wasserverbrauch richtet sich nach der Trockenheit des Mehles. Das Mehl auf das Nudelbrett geben, in der Mitte eine Vertiefung machen, in diese das Ei, Salz, das Öl geben, von der Mitte aus mit einem abgerundeten Messer rühren, bis sich der Teig gebildet hat. Kneten, bis der Teig Blasen wirft. Dann zur Kugel formen, zudecken

mit einem Topf und 1 Stunde ruhen lassen. Eher etwas länger als kürzer.
Dann auf dem Küchentisch das Strudeltuch, mindestens 1 m lang und breit, ausbreiten, mit Mehl bestäuben und darauf den Teig zuerst mit dem Nudelholz ausrollen, dann den Teig mit Tuch immer dünner ausziehen, bis er eben hauchdünn geworden ist.
Mit der gewählten Fülle bestreichen, zusammenrollen, mit Butter bepinseln und backen.
Wer erstmals Strudel zubereitet, sollte nicht einen großen, sondern besser Portionsstrudel backen, also den Teig in 4 Stücke teilen und diese für kleinere Strudel ausrollen.

Apfelstrudel

Strudelteig nach Grundrezept

Für die Füllung:
1 kg Äpfel
1 TL Zimt
Vanillezucker
4 EL Puderzucker
1 Tasse Rosinen
3 EL geriebene Mandeln
50 g Butter

Den ausgezogenen Teig mit zerlassener Butter bepinseln, die in feine Scheiben geschnittenen, gezuckerten Äpfel und anderen Zutaten darauf verteilen, mit Butter beträufeln, zusammenrollen, mit Butter bestrichen in die Bratreine setzen und ¾—1 Stunde im vorgeheizten Backofen backen. Mit Puderzucker bestreut servieren.

Rahmstrudel

Strudelteig nach Grundrezept

Für die Füllung:
5 Semmeln (Rinde abschneiden)
3/8 l Milch
200 g Butter
150 g Puderzucker
6 Eier
1/8 l saure Sahne
1 Päckchen Vanillezucker
50 g Rosinen
2 EL gehackte Mandeln

Die Semmeln in der Milch einweichen, dann herausnehmen und mit beiden Händen ausdrücken. Die Butter schaumig rühren, löffelweise den Puderzucker und ein Eigelb zugeben, dann die saure Sahne, Rosinen, Mandeln, Vanillezucker, danach die Semmeln einbröseln und zuletzt den Eischnee zumischen. Diese Masse über den Strudelteig streichen und ganz rasch einrollen. Ungefähr 1 Stunde backen. In portionsgerechte Stücke schneiden und mit Puderzucker bestreut servieren.

Kirschstrudel

Strudelteig nach Grundrezept

Für die Füllung:
1 1/2 kg entkernte Kirschen
125 g Paniermehl
4 EL Puderzucker
1 TL Zimt
50 g Butter

Auf den ausgezogenen Strudelteig die entkernten, gezuckerten Kirschen geben, mit Paniermehl und Zucker bestreuen, mit Butter beträufeln und zusammenrollen. Weiterverfahren wie im vorhergehenden Rezept.

Krautstrudel

Strudelteig nach Grundrezept

Für die Füllung:
600 g Weißkraut
2 mittelgroße Zwiebeln
50 g Butter
2 EL Zucker
Salz
Pfeffer
50 g Rosinen
50 g geriebene oder gestiftelte Mandeln
saure Sahne

Das Weißkraut vierteln und kochen, dann ganz fein schneiden. Die Zwiebeln feingehackt in der Butter hell bräunen, mit dem Zucker und den anderen Zutaten zum Kraut geben, evtl. noch einige EL saure Sahne untermischen und die Masse auf den Teig streichen. Weiter verfahren wie oben beschrieben.

Lungenstrudel

Strudelteig nach Grundrezept

Für die Füllung:
400 g Beuschel (siehe Wiener Beuschel)
1 Tasse feingeschnittenes Suppengrün
125 g Leber
1 Ei
Pfeffer
Majoran
Muskatnuß
½ Zwiebel, fein gehackt
etwas abgeriebene Zitronenschale
etwas Ingwer- und Nelkenpulver
Salz

Beuschel abkochen und in feine Streifen schneiden, Leber durchdrehen, dann alles mit den Gewürzen und dem Ei vermischen, die Masse auf den Strudelteig aufstreichen und weiterverfahren, wie im Grundrezept beschrieben.

Hefeteig-Grundrezept

½ kg Mehl
1 Ei
ungefähr ¼ l Milch
1 TL Zucker
25—30 g Hefe
50 g zerlassene Butter
60 g Zucker
6 TL Rum
½ TL Salz
½ Päckchen Vanillezucker
½ geriebene, bittere Mandel
1 Hauch Muskatnuß
1 TL abgeriebene Zitronenschale
Puderzucker

Aus Milch, 1 TL Zucker und der zerbröckelten Hefe einen Vorteig machen, in die Mitte des Mehles in der Teigschüssel geben, zugedeckt an warmer Stelle gehen lassen. Dann alle anderen Zutaten einarbeiten und den Teig schlagen, bis er Blasen wirft. An warmer Stelle noch einmal zugedeckt gehen lassen.

Buchterln

Eine Bratreine mit Butter gut einstreichen, den vorstehend gearbeiteten Teig auf das Nudelbrett nehmen, ungefähr 16 Buchterln (Rohrnudeln) formen, eng nebeneinander in die Pfanne setzen, immer ein wenig zerlassene Butter zwischenstreichen, dann alle mit Butter bepinseln und nochmals gehen lassen, dann golden backen. Mit Puderzucker bestreuen und mit Zwetschgensauce servieren.

Dalken
(Liwanzen)

Hefeteig laut Grundrezept

Dafür haben die Hausfrauen ein besonderes Backblech mit tiefen Mulden. Man kann dafür den Hefeteig laut Grundrezept oder einen dünnflüssigen Hefeteig verwenden: dafür nimmt man mehr Milch. Form einfetten, Teig hineingeben, backen, wenden, bis die Dalken (oder Liwanzen) schön gebräunt und gar und hoch aufgegangen sind.

Zwetschgenknödel

Hefeteig laut Grundrezept
500 g Zwetschgen
Zucker
Zimt
braune Butter

Um jede Zwetschge ein Stück Teig wickeln und die Knödel in Salzwasser 2—3 Minuten aufkochen, herausnehmen, mit brauner Butter, Zucker und Zimt, oft auch geriebenem Käse, zu Tisch bringen. Unter geriebenem Käse wird hier zerkrümelter Topfen, also Quark, verstanden! Auf die gleiche Weise kann man *Aprikosen-* oder *Kirschknödel* zubereiten.

Krapfen

Hefeteig laut Grundrezept

Teig ausrollen, mit einem Weinglas Kreise ausstechen, auf die Hälfte der Teigscheiben etwas Aprikosenmarmelade geben, zwei aufeinander, mit Ei am Rand festdrükken — schwimmend im heißen Fett backen.

Apfel-Hefekuchen

Hefeteig laut Grundrezept
geschälte Äpfel
Zimtzucker

Den Teig ausrollen, auf gebuttertes Backblech geben und dick mit Apfelspalten belegen. Erst nach dem Backen und Auskühlen mit Zimtzucker bestreuen.

Zwetschgenkuchen

Hefeteig laut Grundrezept
Butter
Zwetschgen

Den ausgerollten Teig auf das Backblech geben, mit Butter bepinseln, dick mit halbierten oder geviertelten Zwetschgen belegen. Erst nach dem Backen zuckern.

Powidl-Kuchen

Hefeteig laut Grundrezept

Für die Füllung:
¼ l Pflaumenmus
abgeriebene Zitronenschale
je 1 Msp Zimt und Vanillezucker
Nelkenpulver
15 g zerlassene Butter
evtl. einige Rosinen und geriebene Mandeln

Alle Zutaten glatt verrühren, die Masse auf den ausgerollten Hefeteig streichen und im vorgeheizten Ofen backen.

Nußkipferln

Hefeteig laut Grundrezept
70 g Zucker
4 EL Wasser
70 g geriebene Haselnüsse
1 TL Rum

Zucker im Wasser aufkochen, dann die Haselnüsse und den Rum dazugeben. Wenn ausgekühlt, je 1 TL der Füllung auf ein Teigquadrat geben, halbmondförmig einrollen, die Spitzen schräg drehen. Mit zerkleppertem Ei bestreichen und bei Mittelhitze backen.

Powidltascherln

1 kg gekochte Pellkartoffeln
½ TL Salz
1 Ei
200 g Mehl
Füllung wie bei Powidlkuchen

Kartoffeln heiß schälen und durchpressen, mit Ei und Mehl verkrümeln, dann zu glattem Teig arbeiten. Auf bemehltem Brett ca. 3—4 mm ausrollen und ca. 8 cm große Quadrate ausschneiden. Je 1 TL der Powidlmasse daraufsetzen, die Quadrate zu Dreiecken legen, mit den Fingern die Teigränder gut festdrücken und in leicht gesalzenem Wasser ca. 5 Minuten köcheln. Mit Puderzukker und Semmelbröseln bestreuen, mit brauner Butter beträufeln.

Quarkklöße

(Abb. S. 209)

100 g Butter
4 Eier
2 EL Zucker
500 g Quark
120 g Grieß
Salz

Die Butter schaumig rühren, Eier, Zucker und etwas Salz unterrühren. Den Quark durch ein Sieb streichen und dazugeben. Grieß hinzufügen und die Masse zugedeckt eine halbe Stunde ruhen lassen. Mit einem Löffel Klöße abstechen und in siedendem Salzwasser ca. 15 Minuten ziehen lassen.

Mit Kirschkompott servieren. Nach Belieben mit süßer Sahne begießen.

Alphabetisches Register

Register nach Sachgruppen

SACHSEN

THÜRINGEN

SCHLESIEN

BERLIN UND DIE MARK BRANDENBURG

MECKLENBURG UND POMMERN

OST- UND WESTPREUSSEN

DIE SUDETEN